SABRINA GUNDERT

ORCHESTER DER LIEBE

WIE WIR VERTRAUEN INS LEBEN ENTWICKELN

Für das Leben mit all seinen Wegen.
Für das Orchester der Liebe, das immer spielt.

ISBN 978-3-99025-428-8
Alle Rechte vorbehalten
© 2020 Freya Verlag GmbH
Layout: freya_art, Alyssa Kamoun
Illustrationen: Cover: Mary Long (Frau mit Herz),
Marina Zlochin (alle weiteren Illustrationen),
Autoren-Portrait: Katharina Kraus / Kern: Marina Zlochin
Lektorat: Dorothea Forster
printed in EU

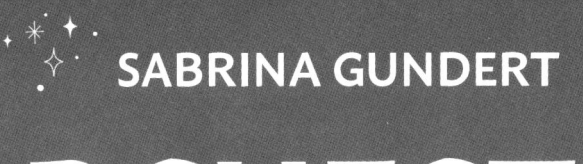

SABRINA GUNDERT

ORCHESTER DER LIEBE

WIE WIR VERTRAUEN INS LEBEN ENTWICKELN

freya

EINLEITUNG

Wie oft haben wir das Gefühl, vom Leben betrogen zu sein. Es meint es nicht gut mit uns. Alles geht immer schief. Und ehe wir uns versehen, stecken wir im nächsten Loch. Doch was, wenn all die Zeit, ungehört von uns, ein Orchester der Liebe da ist, das spielt? Mitten in unserem Leben?

In meinem Leben habe ich erfahren, dass es dieses Orchester gibt. Ich konnte Blicke erhaschen auf das, was unter der Oberfläche wirksam ist. Auf das große Ganze, das Leben selbst, das so unglaublich gut zusammengreift und, wenn ich genau hinschaue, ein Wunder nach dem anderen entstehen lässt.

Das macht mir Mut, mich immer wieder neu auf das Leben einzulassen. Dabei bin ich eigentlich ein absoluter Planungs- und Sicherheitsfan gewesen. Urvertrauen ins Leben kannte ich nicht. Am liebsten hielt ich an allem fest und versuchte dem Leben den Stempel meiner Pläne aufzudrücken.

Zum Glück kam es oft anders. Besser. Überraschender. Wundersamer. Großartiger. Die Geschichten in diesem Buch erzählen davon. Sie mögen dir Mut machen, dich dem Leben anzuvertrauen und zu erfahren, was seine Wege heute für dich bereithalten. Welche Töne des Orchesters besonders klar für dich zu hören sind.

Sicher ist: Es spielt immer. Das Orchester der Liebe. Mitten in deinem und in meinem Leben.

Alles Liebe zu dir,
Sabrina Gundert

PS. Du kannst das Buch an einer beliebigen Stelle aufschlagen und zu lesen anfangen. Jede Geschichte, jede Inspiration ist in sich abgeschlossen. Vertraue darauf, dass das Leben dich an die richtige Stelle führt. Lasse dich überraschen. Bleibe neugierig. Viel Freude!

DER
INNEREN
FÜHRUNG
FOLGEN

ICH FOLGE DEN ZEICHEN

Ich bin eine, die den Zeichen folgt. Die nach dem geht, wo die Wege sich öffnen, und die dort stoppt, wo nichts weitergehen will. Ich habe gelernt, meine eigenen Pläne immer wieder niederzulegen, um dem zu folgen, was das Leben stattdessen mit mir vorhat. Das ist nicht immer bequem oder angenehm, vor allem nicht für meinen Verstand und für mein Sicherheitsbedürfnis, die beide zusammen doch solch einen guten Plan ausgeklügelt hatten.

Mich hinzugeben an das Leben und seinen Wegen und Zeichen zu folgen fordert oft viel Mut von mir. Gleichzeitig wird es auf eine gewisse Weise leicht, weil nicht mehr ich den ganzen Plan kennen und durchdenken muss, sondern weil ich mich einem größeren Plan anheimgebe. Ich mag das Wort – mich *anheimgeben* –, das wir in unserer Sprache heute kaum mehr verwenden. Doch steckt die Heimat in ihm, der ich mich anvertrauen kann.

Was ist meine wahre Heimat?

Heimat, ein Zuhause, finde ich in mir. Bin ich geborgen in mir, zuhause in meinem Körper, kann ich vertrauensvoll vielem im Leben begegnen. Dies ist die erste Beziehung, die zu mir, die ich pflegen kann und sollte. Heimat finde ich auch in der Beziehung zum Leben. Dies ist die zweite Beziehung, die nie wegbrechen kann, egal, was gerade im Außen um mich herum passiert, solange ich lebe.

In einer Liebesbeziehung mit dem Leben, das mag ich sein und das bin ich auch schon oft. Hadern tue ich, wenn es mal doch nicht so läuft (das Leben beispielsweise mal wieder andere Pläne hat), wie ich mir das wünsche (wie du und ich es auch aus Liebesbeziehungen zu Partnern und Partnerinnen kennen – dass gerade dann Zweifel kommen). Immer öfter weiß ich jedoch, dass es sich lohnt zu vertrauen, dranzubleiben, mich *an-heimzugeben*, dem, was das Leben mit mir vorhat. Weil das viel größer, umfassender und genialer ist als das, was ich mir mit dem Verstand ausdenken kann.

So sind das Leben und ich in ständigem Dialog. Im Inneren. Und im Äußeren über die Zeichen, die mir auf meinem Weg begegnen. Jene Zeichen, die mich in eine neue Richtung führen, mich Orte und Menschen treffen lassen, die ich sonst nie kennengelernt hätte. Jene Zeichen, die mit einem inneren Gefühl der Stimmigkeit einhergehen – etwas in mir wird weit (auch, wenn ich vielleicht zugleich Angst habe, diesem neuen Weg zu folgen), und ich weiß: *Ja. Hier bin ich richtig.* Das Leben wird möglicher und entspannter, erlaubst du dir, den Zeichen zu folgen. Den Zeichen zu folgen heißt, die eigenen Pläne immer wieder aufzugeben. Sie niederzulegen. Weinend oder vielleicht auch lachend, und zu sagen: *Ich gebe auf. Liebes Leben, übernimm du!*

Ich mag den Witz: *Wie bringe ich Gott zum Lachen? Ich mache einen Plan.* Manchmal muss ich selbst über meine Pläne lachen. Dann wieder habe ich Mitgefühl mit mir, weil ich weiß, wie sehr sich ein Teil – meist die kleine Sabrina in mir – nach jener Sicherheit eines selbst durchdachten Plans sehnt. Und doch, wirkliche Sicherheit finde ich nur in mir. Und indem ich mitgehe mit dem Leben. Weil ich dann an- und eingebunden bin. Weil ich dann gar nicht scheitern kann, nicht alleine bin, sondern dem Fluss folge. Vielleicht macht mir das Angst – ja. Vielleicht führt mich das auf neue Wege – ziemlich sicher. Vielleicht ist es die beste Entscheidung, die ich wieder und wieder für mich und für das Leben treffen kann.

UNSERER INNEREN FÜHRUNG TRAUEN

Letztendlich gibt es im Außen keine Führung, die präziser wäre als unsere innere Führung. Indem wir wieder in Kontakt gehen mit uns, indem wir heimkehren zu uns selbst, wird es uns möglich, diese innere Führung wieder wahr- und anzunehmen.

Lassen wir uns von ihr leiten, können wir gewiss sein, dem Weg zu folgen, der für uns stimmig ist. Die Stimmen von außen lenken uns nicht länger ab. Sie unterstützen uns vielleicht darin, unseren Weg hin und wieder zu überprüfen, doch sie sind nicht mehr die Richtschnur, der wir folgen.

Verbunden mit unserer inneren Führung, erlauben wir uns, zuverlässig an unserer Seite zu stehen und uns selbst auf dem Weg zu begleiten, der von Herzen der unsrige ist.

DER INNEREN STIMME FOLGEN

Gerade will ich nach links in die Altstadt abbiegen, als eine Stimme in mir – zwar leise, aber klar und deutlich – sagt: „Geh rechts!". Ich schaue nach rechts. Dort ist nichts. Außer alten, verfallenen Häusern. Kein Laden. Keine Menschen. Nichts. Ich will meinen Weg nach links gen Altstadt fortsetzen, als da wieder diese Stimme ist: „Geh rechts!" Ich zögere. Soll ich? Was habe ich zu verlieren? Meine Neugierde und mein Wunsch, den Möglichkeiten und Wegen Raum zu geben, die ich zwar nicht geplant hatte, aber die mich so oft schon im Leben an genau die Orte geführt haben, an denen ich sein sollte, lassen mich schließlich rechts abbiegen.

Hier, in diesem Teil des Stadtzentrums im französischen Vichy, wo ich einen vierwöchigen Intensivsprachkurs besuche, bin ich zuvor noch nie gewesen. Ich gehe vorbei an jenen verfallenen Häusern, die ich von der Straßenecke aus gesehen habe. Früher muss hier mal Leben drin gewesen sein. Ich gehe weiter bis zu einer Straßenecke. Noch immer – nichts. Bis ich auf einmal auf der linken Seite einen kleinen Laden in einem Fachwerkhaus entdecke. Es ist ein kleiner Laden mit Café, der ausschließlich biologische und fair gehandelte Produkte verkauft.

Dieser Laden soll der Dreh- und Angelpunkt meiner gesamten weiteren Zeit in Vichy werden. Das ahne ich zu diesem Zeitpunkt noch nicht. Gerade erst wurde eröffnet, ich komme schnell mit dem Ladenbesitzer in Kontakt, wir verstehen uns gut. So bringe ich Freunde von der Sprachschule mit, gehe manchmal auf einen Tee und ein Gespräch vorbei. Es ist der Ort, an dem ich von einer Französin spontan die Einladung zu einem traditionellen Osteressen bei ihr zuhause bekomme. Der Ort, an dem ich an einem spirituellen Abend teilnehme, der mir wichtige Impulse für meinen weiteren Weg gibt. Der Ort, der den Rahmen bietet für viele gemeinsame Abende mit Freunden aus der Sprachschule, für tiefe Gespräche, viel Lachen – und für eine neue Freundschaft mit dem Ladenbesitzer noch lange nach meiner Abreise.

Das ist jetzt acht Jahre her. Manchmal frage ich mich: Was wäre gewesen, wäre ich doch links gegangen, statt rechts? Wie wären meine weiteren Wochen in Vichy verlaufen? Viele Male habe ich in meinem Leben erlebt, welch wertvolle neue Möglichkeiten in mein Leben kommen, folge ich meiner inneren Stimme. Einer Stimme, die sich oft nur sehr zaghaft – und zugleich sehr deutlich – hörbar macht. Eine Stimme, die ich schnell überhöre, wenn ich keinen Raum lasse für Stille und Momente des Innehaltens. Eine Stimme, die mich wieder zurück in Verbindung bringt mit meinem Herzen und dem, was wichtig für mich ist.

Dieses Wagen – rechts statt links zu gehen, so banal es klingt – hat für mich viel damit zu tun, immer neu aufzubrechen. Es zu wagen, den sicheren Rahmen meines bekannten Bewegungsradius zu verlassen und mich in einen Raum zu begeben, der jenseits davon liegt. Jenseits von dem, was ich für mich an diesem Tag oder in meinem Leben erdacht hatte. Jenseits von dem, was vielleicht – laut meinem ursprünglichen Plan – als Nächstes hätte sein sollen.

In den vergangenen acht Jahren bin ich oft rechts statt links gegangen. Nicht immer habe ich dabei gleich ein kleines Café gefunden. Manchmal ist mir lange (oder bis heute) unbekannt geblieben, warum ich an jener Stelle genau dies hatte tun, dorthin hatte gehen oder jene Begegnung hatte machen sollen. Und doch hat mich in der Summe jede Tätigkeit, jeder Ort und jeder Mensch, den ich dort getroffen habe, zu neuen Erfahrungen geführt. Manchmal bekam ich einen entscheidenden Hinweis, wie etwa den Namen einer Person, die eine Wegbegleiterin für lange Zeit werden sollte. Fand ein Lied oder ein Buch, das mir Antworten auf Fragen gab, die ich schon lange in mir trug. Entdeckte einen Ort, der mir Kraft schenkte – fand etwas, das meinem Leben eine neue Richtung gab.

So habe ich gelernt, zwei Mal hinzuhören. Zu lauschen: Ist die innere Stimme noch da? Was sagt sie? Um dann, mal kühn und spontan, mal durch ein langsames Herantasten, ihr Raum zu geben und zu folgen. Bereit, an der nächsten Ecke ein Wunder zu erfahren. Oder zumindest eine Überraschung. Eine Möglichkeit, mit der ich nicht gerechnet habe. Das Leben ist bunter seitdem, schöner, interessanter, erfüllender, stimmiger und vor allem: um einiges lebendiger.

ICH FOLGE DEM LEBEN, DAS MICH TRÄGT

Ich bin hier, nur hier.
Habe aufgehört zu rennen.
Bin mein ganzes Leben lang gerannt,
ohne einmal stehen zu bleiben und mich zu fragen,
wo ich eigentlich hinlaufe.

Bin stehen geblieben,
und habe angefangen zu spüren.

Spüre,
was der nächste Schritt auf meinem Weg ist.
Lausche in mein Inneres.

Spüre,
wo das Leben mich hinzieht.
Spüre,
was mich unwiderstehlich anzieht.
Und folge dem Leben, das mich trägt.

DEM FOLGEN, WAS DIR WICHTIG IST

WIE DU ZEIT FINDEST FÜR DAS, WAS DIR WIRKLICH WICHTIG IST

Ich stehe an Gleis 2 und frage mich, was ich hier eigentlich tue. Warum ich mich gleich wieder in den überfüllten Zug setzen werde. Warum ich vier Stunden fahre, nur um zwei Stunden dort zu sein. Bei der Frauen-Stimm-Ritual-Gruppe in Winterthur in der Schweiz, zu der ich seit einem Jahr gehe. Alle zwei Wochen, immer Dienstagabends.

Ich muss zugeben: Jeden Dienstag, wenn ich meine Schuhe anziehe und meine Tasche packe, ist da diese Stimme in mir, die sagt: *Bleib doch hier! Mach dir doch einen gemütlichen Abend zuhause!* Wie oft hat mich schon das Bett angelacht und alles in meinem Kopf *Ja!* dazu gerufen. Wie oft schon bin ich wieder und wieder die Gründe durchgegangen, warum ich heute nicht kommen kann – keine Zeit, noch so viel anderes zu tun, zu müde, zu viel los. Und bin dann doch gefahren.

In Winterthur angekommen, weiß ich jedes Mal wieder, wofür. Dort, im tragenden Frauenkreis nehme ich ganz selbstverständlich meinen Platz ein. Und egal, was den Tag über war, was mich die Zugfahrt lang beschäftigt hat, wie viele Gedanken da waren, vielleicht auch welcher Frust, welche Einsamkeit oder herausfordernden Gefühle – kaum bin ich dort, beginnt es sich zu wandeln.

Ich spüre, wie die Abende mich zurückbringen in meine Kraft. Etwas tief in mir berühren. Mir Freude schenken und sanften Rückenwind, neuen Mut, Leichtigkeit und Tiefe. Wie ich hier mein Sein, mein Wirken, meine Wirksamkeit und mein Eingebundensein wieder wie selbstverständlich spüre. Etwas, was ich nicht übers Nachdenken in meinem Kopf finde und auch nur selten alleine, zuhause, auf dem Sofa sitzend, einen

Film schauend oder lesend. Eine Wirkung, die auch danach noch anhält. Eine Kraft und ein Lebendigsein, die mich begleiten – durch den nächsten Tag und die ganze Woche lang.

Ich erlebe es häufig auch bei den Teilnehmerinnen meiner Seminare. Dieses: *Eigentlich wäre ich heute fast zuhause geblieben. Da war noch so viel zu tun. Ich war schon den ganzen Tag so müde. Ich habe wirklich überlegt, nicht zu kommen* – am Anfang des Abends. Und das: *Ich bin so froh, dass ich heute hergekommen bin! Wie gut, dass ich mich aufgerafft habe! Dieser Abend hat mir so viel gegeben, ich fühle mich gestärkt, wieder bei mir, in meiner Kraft und voll innerer Ruhe! Wie wertvoll diese Zeit ganz für mich ist! Danke, dass ich heute hier sein durfte* – am Ende des Abends.

Gewohnte Gedanken dieser Art, die uns hindern an dem, was uns eigentlich guttut, kennen wir alle. Wesentlich ist, sie uns bewusst zu machen. Um bewusst zu entscheiden, was ich und du heute tun wollen. Wofür wir gehen wollen, wofür wir uns entscheiden, was uns dieses Mal und im größeren Ganzen unseres Lebens wichtig ist. Welche Ausrichtung wir beibehalten wollen.

Für mich hat mein regelmäßiges Dabeisein in dieser Frauen-Stimm-Ritual-Gruppe auch etwas damit zu tun, gut für mich zu sorgen. Verantwortung für mich zu übernehmen. Mir selbst zukommen zu lassen, was mich nährt und stärkt, ohne zu erwarten, dass jemand anderer es für mich tut. Mich zu erinnern, dass ich erst dann gut für andere sorgen kann, wenn ich selbst gut nach mir schaue.

NIMM DEIN LEBEN IN DIE HAND!

Da lag ich nun. Auf dem Boden, sicher schon den siebten Abend, und wartete darauf, dass jemand kam und mich rettete. Ich wartete darauf, dass jemand mein Leben neu zusammenflicken, sagen würde, es sei alles nur ein Scherz gewesen, oder irgendetwas tun würde, damit es – nach diesem unerwarteten Bruch – neu weitergehen würde.

Damals lernte ich, dass dieser jemand, der kommen würde, um mein Leben in die Hand zu nehmen, ich selbst war. Ob eine Beziehung oder Freundschaft endet, ein Umzug, eine Krankheit oder ein anderer Umbruch ansteht – die, die kommt, um mich zu retten, bin ich selbst.

Ich kenne sie gut, die Opferhaltung und die Hoffnung darauf, jemand würde meine Probleme lösen. Vor allem dann, wenn sie sich groß anfühlten, und ich mich klein und ohnmächtig. Heute weiß ich: Ich habe die Kraft, mit dem zu gehen, was ist. Und ich darf, ich muss, mein Leben in beide Hände nehmen, möchte ich etwas darin wandeln. Ich bin die, die den Ton setzt, und den nächsten Schritt. Die, die die Visionen und inneren Bilder ihres Herzens mitten in ihr Leben bringt.

Wie sehr sind wir es gewohnt, unsere Macht abzugeben. Uns als Opfer der Umstände zu fühlen – denn der Partner, die Partnerin ist halt so, die Chefin auch, die Umstände sind suboptimal, da lässt sich nichts ändern. Doch was wäre, wenn wir uns genau hier, genau heute, dafür entscheiden, unsere Selbstverantwortung und Macht zu uns zurückzuholen? Wenn wir uns dafür entscheiden, die alten Ausreden und Gründe nicht länger gelten zu lassen? Wenn wir uns hinsetzen und erst einmal still werden. Die Angst, die wuselnden Gedanken zur Ruhe kommen lassen und die Stille wahrnehmen, die hinter und in all dem ist. Wie sähe mein Leben aus, wenn ich wieder gänzlich Verantwortung für es übernehmen würde? Wenn ich das Ruder wieder in die Hand nähme, mich erinnerte, dass ich Kapitänin an Bord bin? Was wird dann und dadurch möglich? Was darf sich heilsam wandeln? Vielleicht sind da Neugierde und eine Angst, stelle ich mir vor, die Verantwortung zu mir zurückzunehmen. Vielleicht gibt es eine kribbelige Freude darüber, meinen Körper und mein Leben wieder zu bewohnen. Bewusst zu entscheiden, dass ich es bin, die wählt, wie ihr Leben weitergeht.

Wie ist das bei dir aktuell? Wo kannst du Verantwortung für dein Leben wieder zu dir zurücknehmen? Wie fühlt es sich an, wieder ganz in dir und bei dir zu wohnen? In deinem Körper, deinem Leben? Mögen wir alle uns immer wieder daran erinnern, dass wir es sind, die den Ton setzen für den nächsten Schritt in unserem Leben. Mögen wir uns erlauben, unsere Kraft und Macht, unsere Verantwortung für uns und unser Leben zu uns zurückzunehmen.

DER ERSTE (NÄCHSTE) SCHRITT

Und dann auf einmal wusste sie,
dass der Moment gekommen war,
den ersten nächsten Schritt zu setzen.

Dass sie lange genug gesessen hatte
mit ihrer Angst und den Zweifeln.

Dass sie lange genug
all die Ausreden geglaubt hatte,
die sie sich erzählte.
Sie stand auf und setzte ihn,
den ersten nächsten Schritt.

Sie stand auf
und ging.

ZEITEN DER WANDLUNG

DAS HELDINNENTOR

Zu Beginn meines Weges hatte ich gedacht, es gäbe nur eins. Ein Heldinnentor, das – einmal durchschritten – für immer hinter mir verschwinden würde. Doch dem war nicht so. In den vergangenen Jahren bin ich unzählige Male an Heldinnentore gekommen. Mal ging es um den Mut, dann wieder ums Vertrauen und ein anderes Mal um das Durchhaltevermögen. Nicht immer bin ich beim ersten Mal gleich hindurchgegangen, durch das Heldinnentor. Dann habe ich mich kurze Zeit später meist erneut vor ihm wiedergefunden. Weil es keinen Weg um es herum gibt – sondern nur mittendurch.

Das *Heldinnentor* trifft als Wort so gut das, was ich beim Gehen meines Herzensweges wieder und wieder erlebe: Dieses Gefühl, die Heldin, Hüterin, Verantwortliche und Gehende meines Weges zu sein. Und: Immer wieder an jene Stellen zu kommen, an denen ich mich frage: Soll ich oder soll ich nicht? Weitergehen. Den nächsten Schritt setzen. Dieses tun. Jenes lassen. Mir treu sein. Fest an meiner Seite stehen.

Die Heldinnentore sind für mich die Stellen auf der Reise, an denen ich dem Drachen begegne: Aufgebrochen mit einer Vision (meinen Weg zu gehen und mit dem Geschenk des Erfülltseins, der Stimmigkeit und des Sinns für das eigene Leben heimzukehren), fordern sie mich heraus, verlangen mir alles ab und prüfen mich.

Ganz so, als würden sie (oder das Leben) mich fragen: Na, Sabrina, hier willst du also weitergehen – bist du dir da wirklich sicher? Es sind die Tore, an denen sich entscheidet, ob ich wirklich den Weg gehe – oder nur an ihm schnuppere. Wo sich zeigt, ob meine Sehnsucht, meine Kraft, mein innerer Antrieb, der Ruf in mir oder was immer mich hat aufbrechen lassen, groß genug sind, um mich durch das Heldinnentor hindurchzutragen. Um mich dazu zu bringen, dem Drachen zu begegnen, mitten im Feuer stehen zu bleiben und ein unwiderrufliches Ja zu mir und meinem Weg zu geben.

Sie sind nicht leicht, die Heldinnentore. Sind nichts für Feiglinge. Und doch habe ich erfahren: Ich habe stets alles zur Hand, was ich brauche, um gut durch sie hindurchzugehen. Was es von mir vor allem braucht, ist mein Hiersein in dem und mit dem, was ist, mein Ja zu mir und diesem Weg. Die nächsten Schritte ergeben sich dann im Gehen. Was nicht heißt, dass sie immer einfach sind. Das kann sein, muss aber nicht. Was es aber sehr wohl heißt, ist, dass sie möglich sind. Immer. Indem ich gehe, stehe, an meiner Seite bin.

Mit der Vorstellung, dass hinter dem ersten Heldinnentor – einmal durchschritten – nie wieder ein zweites auftauchen würde, hat das Leben zu Beginn meines Weges schnell aufgeräumt. Ich habe gelernt, dass sie immer wiederkommen. Die großen und mittleren Heldinnentore vielleicht alle paar Tage, Wochen, Monate oder Jahre. Die kleineren und sehr kleinen – ich weiß nicht, zehn Mal, 20 Mal oder öfter pro Tag? Immer dann, wenn ich aufgefordert bin, in meine Größe zu kommen und im Vertrauen zu bleiben – besonders, wenn es in mir oder um mich stürmisch und ungemütlich ist.

Gelernt habe ich eines: Die Heldinnentore sind direkte Wege in meine Kraft. Sie bringen mich, durchschreite ich sie, in meine Größe und zu der, die ich wirklich bin. Lassen mich wachsen und authentischer werden. Weiß ich um diesen Wert, den sie in sich tragen, fällt es mir leichter, das nächste Mal bewusst auf sie zuzugehen, ja, sie vielleicht sogar willkommen zu heißen. Ich wünsche dir und uns allen die Klarheit, die Heldinnentore unseres Lebens zu erkennen, und den Mut, mit allem, was wir haben und sind, durch sie hindurchzugehen! Es lohnt sich.

DAS RAD DES LEBENS

Das Rad dreht sich stetig weiter.
Zieht Kreis um Kreis
vom Ursprung bis zum Ziel.
Doch in der Mitte,
in der Nabe,
ist alles still.
Immer.
Das Rad des Lebens
zieht seine Kreise
um die tiefe Stille herum.

ZEIT DER WANDLUNG, ZEIT DER VERWANDLUNG

Und wirklich,
es ist eine Vertrauensfrage.
Die Raupe, die sich verpuppt,
um zum Schmetterling zu werden,
kann nicht mehr kriechen, robben, fressen.
Sie ist nur noch –
noch dazu in neuer Form, anders, unbeweglich.
Zum Stillstand gezwungen.
Denn nur durch den Stillstand,
kann Verwandlung geschehen.
Nur durch den vermeintlichen Stillstand,
durch das Vertrauen in den Prozess
der (Ver-)Wandlung,
kann etwas Neues entstehen.

ORCHESTER DER LIEBE

An einem der tiefsten Punkte meines Lebens habe ich notiert, dass ich das Gefühl habe, dass da gerade ein *Orchester der Liebe* in meinem Leben spielt. Im Außen sah es überhaupt nicht danach aus – da war eine Sabrina zu sehen, die weinte, haderte, Angst hatte, Unsicherheit erlebte und einen großen Wandel in ihrem Leben. All das war da. Und zugleich gab es eine tiefere Ebene, auf der ich spürte: Da ist noch etwas anderes.

Da ist eine Kraft, die mich trägt, die mich auf diesen Punkt hingeführt hat und mich sicher durch ihn hindurchbringt. Auch wenn ich gerade das Gefühl habe zu sterben. Da gibt es etwas Größeres, ein Eingebundensein, einen Sinn, den ich jetzt nicht verstehe und den ich doch wahrnehmen kann.

Ich spürte jenes Orchester der Liebe, das ich klarer als mit diesen Worten nicht benennen konnte. Es war, als gäbe es unsichtbare Helfer, die mich in all dem, in all der Schwere, leichtfüßig begleiteten, leiteten und dafür sorgten, dass Menschen, Dinge und Entwicklungen Hand in Hand miteinander gingen.

Ich muss an jenen Moment denken, als ich auf dem Weg auf die Färöer Inseln bei Island war. Eine Reise, die ich gebucht hatte, nachdem mir eine intensive Trennung den Boden unter den Füßen weggezogen hatte. Ich wollte wissen, ob ich alleine noch stehen konnte. Vor allem musste ich raus aus zuhause, um mal wieder klar denken zu können und Abstand zu gewinnen. Die Reise hatte ich in zwei Nachtaktionen gebucht, nachdem mir Flyer der Färöer Inseln wieder in die Hände gefallen waren – eine Reise, die ich eigentlich mit meinem ehemaligen Partner hatte machen wollen. Alleine hätte ich sie mir nie zugetraut. Doch jetzt hatte ich das Gefühl, ohnehin nichts mehr zu verlieren zu haben, also konnte ich auch fahren. Ich buchte die Züge und die Fähre – 16 Stunden vom Bodensee bis nach Dänemark, eine Übernachtung, zwei Stunden weiter bis zur Spitze Dänemarks und dem Fähranleger und dann zwei Tage auf See. Zwei Wochen, nachdem ich gebucht hatte, stand ich am Bahnhof. Morgens um 6 Uhr und fragte mich, was ich hier eigentlich tat. Ich war doch verrückt geworden, alleine auf die Färöer zu fahren! Ich hatte keinen Reiseführer gelesen, wusste nur grob, was mich dort wettertechnisch erwartete (viel Wind, viel Regen, viel Kälte), nicht viel mehr. Ich hatte einen großen Trolley dabei, einen riesigen Rucksack, einen kleinen Rucksack. Meinen Laptop, mein großes Kuschelkissen, weil ich mich nicht hatte entscheiden können, was von beidem wichtiger sein würde (in einer Krise platzsparend einen Koffer zu packen, schien mir unmöglich).

Als der Zug kam, stieg ich ein – mehr aber, um nicht alle Tickets verfallen zu lassen, als weil ich überzeugt war von dieser Reise (auch wenn sie sich, als ich sie gebucht hatte, absolut richtig und als das, was jetzt für mich dran ist, angefühlt hatte). Die zwei Stunden bis nach Stuttgart weinte ich. Was hatte ich mir dabei gedacht! Am Bahnsteig weinte ich immer noch. Dann stieg ich in den ICE nach Hamburg. Ich hatte dort einen Platz reserviert und als ich der Frau neben mir *Hallo* sagte, während ich mein Gepäck verstaute, dachte ich: *Das könnte interessant werden*. Wurde es auch.

Von diesem Moment an schien die Reise in sanfte Hände gelegt worden zu sein. Ich unterhielt mich mit der Frau fünf Stunden bis Hamburg, wir saßen dann zusammen weiter im Zug nach Dänemark. Inzwischen ist sie von der Ostsee, wo sie damals lebte, nach Konstanz an den Bodensee gezogen und wir sind gute Freundinnen geworden. Und auch als sie kurz vor der dänischen Grenze ausstieg, lernte ich im nächsten Zug wieder eine Frau kennen, die mir zur Orientierung im dänischen Aalborg weiterhalf. Auf der Fähre zu den Färöern war ich mit einer weiteren Deutschen und einer Australierin in einer Kabine – unsere Wege und Lebensumstände hätten nicht ähnlicher sein können. Die Menschen auf der Fähre, die ich an Deck traf, erzählten mir ihre Lebensgeschichten. Und auch auf den Färöern ging es so weiter. Menschen und Begegnungen schienen Hand in Hand miteinander zu gehen und mich an den jeweils nächsten Ort weiterzureichen. Ich erfuhr so viel Unterstützung, Liebe, Menschlichkeit, hörte so viele mir vertraute Geschichten, dass ich mich nicht mehr einsam, sondern zutiefst geborgen, zutiefst eins mit dieser Reise und dem, wo ich gerade stand in meinem Leben, fühlte.

Diese Reise wandelte mich. Sie zeigte mir, dass ich alleine noch stehen kann. Sie ließ mich Abstand gewinnen und neu auf meinen Alltag schauen. Vor allem aber erfuhr ich auf ihr ganz deutlich jenes *Orchester der Liebe*, jenes Geführtsein auf dem Weg und dass ich vertrauen darf in das, was gerade in meinem Leben geschieht.

DURCH DEN TIEFSTEN PUNKT HINDURCH

VERTRAUEN IN DIE DUNKELHEIT

In der Dunkelheit
kommen wir einander näher.
In der Dunkelheit
lassen wir los,
was uns am Tage so wichtig erschien,
was uns voneinander trennte:
all die Rollen, die wir täglich spielen.
All die Anspannung in unserem Körper.
Vielleicht auch unsere Furcht vor dem Leben.

In der Dunkelheit
kommen wir wieder
ganz bei uns an.
Lauschen unserem Atem,
spüren die Verbundenheit
und sind
ganz
einfach
hier.

HÜTERINNEN UND HÜTER DES WINTERS

Weil wir wissen, dass der Same aus der Dunkelheit geboren wird.
Weil wir wissen, dass jene Dunkelheit, jener Zwischenzustand,
jenes vermeintliche Nichts alles enthält,
was es für ein neues Leben braucht.
Weil wir wissen, dass wir die Zügel loslassen
und sie dem Leben wieder vertrauensvoll übergeben dürfen.

Weil wir immer wieder erfahren haben, dass daraus etwas
noch viel Großartigeres zu entstehen vermag,
trauen wir uns, jenem inneren wie äußeren Winter,
jenem vermeintlichen Nullpunkt,
jenen Schwellenzeiten in unserem Leben
bewusst zu begegnen –
ja, vielleicht sogar einen Schritt auf sie zuzugehen.

Auf diese Weise werden wir alle, eine jede und ein jeder von uns,
zu Pionierinnen und Pionieren des Wandels,
zu Hüterinnen und Hütern des Winters und
zu Verbündeten mit den Schwellenzeiten unseres Lebens.

DURCHS NADELÖHR HINDURCH

Wie gut erinnere ich mich an die Geschichte vom Schmetterling. Daran, wie eines Tages ein Mann eine Raupe fand, die sich verpuppt hatte und nun dabei war, als Schmetterling aus dem Kokon zu schlüpfen. Doch da gab es diese Engstelle, an der der Schmetterling nicht weiterkam. Wo er kämpfte, versuchte sich hindurchzuzwängen. Der Mann konnte dies nicht mit ansehen und nahm kurzerhand eine Schere, um den Kokon ein stückweit mehr zu öffnen, so dass der Schmetterling sich leichter befreien konnte.

Doch was war das? Statt nun endlich loszufliegen, stellte der Mann fest, dass der Schmetterling seine Flügel nicht richtig bewegen konnte. Ja, dass er nicht fliegen konnte, sondern seine Flügel vielmehr verkrüppelt waren. Der Mann erzählte einem Freund davon, der Biologe war. Dieser erklärte ihm, dass dieses Hindurchzwängen durch die engste Stelle des Kokons notwendig war, damit die Flügel des Schmetterlings aus dem Körper gepresst wurden und sich anschließend richtig ausbreiten konnten. Ja, dass erst diese Engstelle ihn letztendlich zu einem wirklichen Schmetterling machte, der in seiner ganzen Schönheit fliegen konnte.

Auch in meinem Leben erfahre ich sie immer wieder. Jene Engstellen, die in Zeiten des Umbruchs, der inneren und äußeren Wandlung, auftauchen. Sie sind wie Schleifprozesse, die mich herausfordern, mich von all dem zu lösen, was nicht wirklich zu mir gehört – und immer mehr in die hineinzuwachsen, die ich wirklich bin. Ganz so, als würde das Leben mir zurufen: *Wir brauchen dich geschliffen! Damit du die sein kannst, die du wirklich bist! Damit du deine ganze Größe und Schönheit leben kannst!*

Diese Schleifprozesse fordern mich oft sehr heraus. Besonders dann, wenn ich gegen sie ankämpfe. Wenn ich ringe und mich gegen die Veränderung wehre, die längst im Gang ist. Ich merke, wie jene Prozesse vor allem meine Hingabe ans Leben fordern. Sie fragen mich: Wie sehr vertraust du? Wie weit bist du bereit mitzugehen? Wie weit gibst du dich hin? Ich stelle fest: Oft muss erst alles wegbrechen, bis ich wirklich bereit bin, mich hinzugeben, aufzugeben. Aufzugeben heißt dabei für mich vor allem eines: Meine Idee davon aufzugeben, wie das Leben sein, wie jener Moment aussehen soll. Die Pläne loszulassen, die ich mir im Kopf zurechtgelegt habe. Dieses Aufgeben macht Angst und befreit zugleich. Angst, weil ich mitten im Prozess nicht sehen kann, wo die Reise hingeht. Und es befreit, weil ich weiß: Ich kann, ich muss diesen Weg nicht lenken.

Manchmal kann ich in all diesem Erleben spüren, dass alles gut ist, ich getragen bin, auch wenn es an der Oberfläche nicht so aussieht. Manchmal kann ich erahnen – vor allem durch das Erinnern ähnlicher, früherer Zeiten in meinem Leben – dass sogar ein Geschenk in all dem wartet. Sozusagen die Flügel des Schmetterlings und das neue Leben als Schmetterling selbst. Sicher ist, dass etwas von mir auf diesem Weg sterben wird. In Form bisheriger Lebensumstände, Konzepte, Ideen, Pläne. Und dass zugleich etwas in mir in eine neue Ordnung findet.

Die Geschichte des Schmetterlings und der Engstelle in seinem Kokon nehme ich mit auf diesen Weg der Wandlung. Sie erinnert mich daran, wie wertvoll jene Schleifprozesse und Engstellen meines Lebens sind. Dass sie unweigerlich zum Leben dazugehören – und nichts an mir verkehrt ist, wenn ich gerade mitten in solch einem Schleifprozess bin.

WEGE DER HEILUNG

EINE VISION

Ich habe eine Vision. Die Vision einer Gesellschaft, in der Menschen, haben sie Bauchweh, trauern um einen Verstorbenen, sind gerade in einer Krise oder fühlen sich einsam, nicht in ein Krankenhaus oder in eine Therapie kommen, sich auch nicht in ihr Bett zurückziehen müssen oder von einer Brücke stürzen, sondern willkommen sind mitten im Kreis. Eine Gesellschaft, die um den heilsamen Wert ihres Miteinanders weiß. Die darum weiß, dass es meist nicht viel mehr braucht, um heil zu werden, als die Hand eines anderen Menschen, eine wärmende Decke, ein Lied und das Willkommensein im Kreis.

Ich habe die Vision einer Gesellschaft, die – statt ihre öffentlichen Räume mit Asphalt und Beton zu verkleiden – Wildbienenwiesen und Ahornbäume in den Zwischenräumen wieder willkommen heißt und darum weiß, dass diese Zwischenräume oft wichtiger sind als die Bauten drumherum. Eine Gesellschaft, die Flächen an Bahnhöfen, Ampeln, Litfasssäulen und Plakatständern nicht länger dafür nutzt, einander Versicherungen, Tomatenketchup oder Schmerztabletten zu verkaufen. Sondern eine Gesellschaft, die stärkende Botschaften füreinander aufhängt, um sich zu erinnern. Botschaften, wie: *Atme, du lebst. Spüre den Boden unter deinen Füßen.* Oder: *Schön, dass du da bist.*

Ich habe die Vision einer Gesellschaft, in der alle den Wert der Achtsamkeit schon einmal erfahren haben. In der sie wissen, wie wertvoll es ist, einander aus innerer Ruhe, Wertschätzung, Stille und menschlichem Miteinander zu begegnen – und auch beieinander zu bleiben, wenn es schwierig wird. Ich habe die Vision einer Gesellschaft, die ebenso die Freude kennt und weiß, wie sehr es den eigenen Tag wie den des Nachbarn verändern kann, wenn wir uns am Morgen mit einem Lächeln begegnen.

Ich habe die Vision einer Gesellschaft, in der Zeitungen und Onlinemagazine ihre Leserinnen und Leser ermutigen, an ihre Träume zu glauben, für das zu gehen, was ihr Herz ihnen sagt, und es umzusetzen. Und sie daran erinnern, dass wir alle miteinander verbunden sind. Ich habe die Vision einer Gesellschaft, die um die Kraft der Gedanken, des gesprochenen wie geschriebenen Wortes weiß und die gelernt hat, sich die Welt des Friedens und Miteinanders bewusst in Existenz zu rufen.

Ich habe die Vision einer Gesellschaft, in der wir einander wieder sagen, dass wir uns lieben, achten und wertschätzen. Dass wir froh darüber sind, dass die und der andere da ist. Dass wir dankbar sind dafür, einander als Menschen zu haben, umeinander zu wissen. Und somit das Schöne, Kraftvolle ineinander wachsen lassen.

Ich habe die Vision einer Gesellschaft, in der Singen, Trommeln, Tanzen, Lachen und Umarmen wieder natürlicher Bestandteil des Lebens wie des Heilwerdens sind. Einer Gesellschaft, die um die Kraft der Kreise weiß, um das achtsame Zuhören und das Sprechen von Herzen. Eine, die sich ihrer Fähigkeiten und Werte, ihres Menschseins und Eingebundenseins – aufgespannt zwischen Himmel und Erde – bewusst ist.

Eine, in der es pure Freude ist, zu leben. Weil ich mich in ihr entwickeln kann, weil ich gesehen werde, weil ich Teil von ihr sein darf – im Schmerz wie in der Freude. Ich habe die Vision von dieser Gesellschaft und lasse sie im inneren Sehen und konkreten Gehen Tag für Tag mehr Realität werden. Was dadurch wohl möglich ist?

WELCHER WERT IN DEINEN NARBEN STECKT

Seit 2014 begleitet mich meine Trommel. Sie ist eine Rahmentrommel, bespannt mit Hirschfell. Als ich sie bei den Trommelbauern bestellt habe, wusste ich gleich: Sie ist die richtige. Und doch – auf ihrem Fell ist eine Narbe, die mich, als ich sie zum ersten Mal in der Hand hatte, zögern ließ. Ich fragte bei den Trommelbauern nach: Wird das Fell auch wirklich halten? Wird es nicht reißen, ist angreifbar und ungeschützt mit dieser Narbe?

Als ich ihre damalige Antwort per E-Mail vergangene Woche noch einmal gelesen habe, war ich tief berührt. Damals haben sie mir geschrieben, dass zu jedem Fell ja auch ein Tier gehöre, das in der freien Wildbahn gelebt hat. Dass es dort Kämpfen und den Widrigkeiten wie Gegebenheiten des Lebens an sich ausgesetzt war. Und dass die Narben in der Regel gut verheilt sind und keinen Einfluss auf die Qualität der Trommel haben. Damals habe ich eine zusätzliche Garantie von zwei Jahren auf das Fell der Trommel erhalten – gebraucht habe ich sie bis heute nicht.

Vielmehr haben mich die Zeilen aus der E-Mail an mich selbst erinnert: daran, dass ich als Mensch auch ein lebendiges Wesen in freier Wildbahn bin. Ich musste an die Narben an meinem rechten Oberschenkel und den beiden großen Zehen denken. Ebenso an die Narben in meinem Herzen. An die, die nicht auf den ersten Blick sichtbar sind und die ich doch in mir trage.

Sie haben mich erinnert an all diese Wunden und Narben, die unweigerlich zum Leben dazugehören. Ja, auch daran, dass diese vielleicht sogar unabdingbarer Ausdruck eines lebendig gelebten Lebens sind. Das macht mich demütig. Erinnert mich daran, dass ich Teil bin des großen Zyklus namens Leben. Lässt mich seine Schönheit und Allumfassenheit wieder spüren. Erinnert mich an meine eigene Verwundbarkeit, meine Verletzlichkeit, die ich mit allen Wesen teile.

Was mich an der Trommel ebenso fasziniert, ist, dass das Fell mit dem Bespanntwerden auf den Rahmen der Trommel ein zweites Leben erhält. Dass es schon gelebt hat, verletzt und verwundet ist, und dennoch auf dem Trommelrahmen ruhig und klar, mit einem kraftvollen Ton, in einem neuen Leben schwingt. Davon mag ich mich erinnern lassen – daran, dass auch ich mit all meinen Verletzungen und Narben jederzeit zutiefst lebendig mitten im Leben stehen und wirken kann. Daran, dass es vielleicht gerade die Wunden und Narben sind, die mich authentisch, lebendig und fühlbar machen.

Und daran, dass durch sie meine Zartheit und Stärke sichtbar werden. Und dass ich, wie wir alle, die Kraft und Möglichkeit zur Heilung jederzeit in mir trage.

EIN SEMINAR NAMENS LEBEN

Ich habe ein Seminar gebucht,
ein Seminar, das alles thematisiert –
all meine Ängste und Sorgen,
meine Hoffnungen und Freuden,
die Grübeleien im Kopf,
alle Höhen und Tiefen.

Es ist ein Seminar voll praktischer Übungen.
Übungen, die genau zu den Mustern und Dingen passen,
an denen ich arbeiten wollte.
Jeden Tag.

Ein Seminar namens Leben.

DEINE GEDANKEN

DEM HERZEN FOLGEN

HÜTE DEIN FEUER

Hüte dein Feuer, bis es so hell brennt, dass du es gefahrlos der Welt aussetzen kannst.

Hüte dein Feuer, lege Holzscheite nach, lasse es hell brennen.

Hüte dein Feuer, halte das schützend in deinen Händen, was dir wichtig und wertvoll ist.

Doch hüte es nicht zu lange. Erkenne den Zeitpunkt, an dem es Zeit ist, nach außen zu gehen, damit dein Feuer Luft fangen und in diesem Draußensein erst richtig zu voller Größe entflammt werden kann.

ZWISCHEN HIMMEL UND ERDE

Eingebunden in das
große Ganze.
Verbunden zwischen
Himmel und Erde.
Spüre ich mich in
meinem Körper.
Kraftvoll geerdet und
weit verbunden,
weiß ich, was ich zu
geben habe, und tue es,
aus der tiefen Stille
und Freude heraus.

DAS HERZ ALS GRADMESSER

Eine Bekannte hat sich vor ein paar Jahren mit einem Business-plan selbstständig gemacht. Sie hat kalkuliert, wie viel sie im ersten, wie viel im zweiten Monat und so weiter verdienen wür-de. Damals sagte sie, sie habe schon sehr niedrig kalkuliert – und doch ist alles anders gekommen. Heute ist sie wieder im Angestelltenverhältnis tätig.

Als ich selbst in die Selbstständigkeit gestartet bin, habe ich ebenfalls einen Businessplan gemacht. Um zu schauen, ob ich eine finanzielle Förderung bekommen würde. Der Berater da-mals war angetan von meinem Plan (auch wenn es letztlich keine Förderung gab) und bestärkte mich darin, ihn genau so umzusetzen. Was ich damals schnell gelernt habe: Das Leben und die Selbstständigkeit funktionieren nicht nach Plänen. Ich kann noch so viele Zahlen, die ich mir wünsche, auf ein Blatt Papier schreiben. Das heißt nicht, dass sie auch Wirklichkeit werden.

Ein anderes Mal, ungefähr im zweiten Jahr meiner Selbstständigkeit, habe ich drei Onlineseminare geplant. Schreibseminare, um sich einen eigenen Flyer, einen Newsletter und eine Website zu erstellen. Damals hatte ich kalkuliert, dass ich mit so und so vielen Teilnehmenden an jedem Seminar mich für drei Monate entspannt zurücklehnen und meinen Herzensweg in Ruhe gehen könnte. Denn diese Business-Schreibseminare, das konnte ich zwar gut, aber es war nicht mein absolutes Herzensding.

Damals meldete sich genau eine Person für eines der Semi-nare an, die anderen blieben ohne Teilnehmende.

Ein paar andere Male (sicher vier, fünf Male) habe ich am Monatsbeginn in meinen Kalender geschaut und bin meine Termine durchgegangen: „Aha, drei Coachings innerhalb der nächsten zwei Wochen, dazu die beiden Seminare und zwei Schreibarbeiten. Damit sind Miete und die anderen Fixkosten in diesem Monat abgedeckt." Doch jedes Mal, wenn ich so dachte, wurden die Schreibarbeiten und Coachings abgesagt, die Seminare blieben leer. Was habe ich daraus gelernt?

Dass ein Businessplan manchmal wichtig sein kann, wenn wir uns beispielsweise um eine finanzielle Förderung bewerben. Dass ein Businessplan oder überhaupt ein „Da kommt das Geld diesen Monat her"-Plan uns jedoch auch von der Fülle in den Mangel führen kann.

Dann, wenn er zum Richtungsweiser für unser Tun und Handeln wird. Wenn wir stur an Zahlen und daran, *wo das Geld herkommen soll*, festhalten und aus dem Blick verlieren, was wir – mit Kreativität, Schaffensfreude und Herzverbundenheit – in die Welt hatten geben wollen.

Für mich ist es wesentlich geworden, zu wissen, wofür ich stehe. Klarheit zu haben darüber, was ich anderen Menschen an Wertvollem anbieten möchte. Und meinen Blick hierauf zu belassen. Dabei können Fragen unterstützen, wie: Was habe ich zu geben? Was möchte ich einbringen? Was verlangt nach Ausdruck? Welches Seminar, welches Angebot will jetzt in die Welt gehen? Spüre ich einen Ruf in mir? Wo zieht es mich hin? Was trägt jetzt die meiste Energie in sich?

Gehe ich so durchs Leben und durch die Selbstständigkeit, bewege ich mich im Fluss. Ich habe eine klare Ausrichtung. Ich weiß, wofür ich stehe – und bin zugleich offen für die Wege, auf die mich mein Inneres und das Leben führen. Ich folge, weil ich spüre: Hier geht es lang. Ich bin gegründet in einem tiefen Vertrauen. Ich weiß, dass ich eingebunden bin in das Leben und seine umfassende Intelligenz.

Ich bin nicht dafür, blind und planlos ins Leben oder in die Selbstständigkeit zu starten. Klarheit ist mir wichtig. Doch ich habe gelernt, dass sich die Wege und Mittel von alleine zeigen, wenn klar ist, wofür ich stehe und womit ich – jetzt, hier – in die Welt gehe. Immer wieder habe ich dabei auch Projekte losgelassen. Weil sie nicht so getragen haben, wie ich es in meinem ursprünglichen Plan (im Kopf) gedacht hatte. Immer wieder haben Projekte auch ganz andere Formen angenommen, als ich geplant hatte. Und immer wieder waren sie Anstoß dafür, mich noch mehr zu vertiefen und weiter zu vertrauen auf das, was ich als Wahrheit in mir spüre, was für mich stimmt. Mein Herz als Gradmesser für meinen Weg zu nutzen.

Gerade wenn die Stürme um uns tosen, wenn wir Ängsten und Zweifeln begegnen, vielleicht gar Existenzängsten, der Sorge um (fehlendes) Geld, der Kritik anderer Menschen, trägt uns unser Gegründetsein in uns selbst. In solchen Momenten helfen keine Zahlen auf Papier und auch nicht immer das Geld auf dem Konto. In solchen Momenten hilft zu wissen, wofür ich stehe. Warum ich tue, was ich tue. Was mich von innen her – vom innersten Punkt her – leitet. Wofür ich gehe in diesem Leben.

Dann beginne ich, wirklich tief zu gründen, zu vertrauen. Und mich wie meine Selbstständigkeit sich verwurzeln zu lassen in einer tiefen, inneren Ebene. Weil ich weiß, wofür ich stehe. Weil ich weiß, wohin mein Herz weist. Weil ich weiß, wofür ich hier bin. Weil ich weiß, wofür ich gehe.

EIN HERZENSWEG

Ein Herzensweg ist einer,
der kein Aber kennt.
Es ist ein Weg der Freude,
der Sehnsucht,
des Lebens.

Natürlich werden Ängste kommen,
Sorgen, Zweifel, Kritik.
Doch wenn du weitergehst,
wirst du sehen,
dass alles gar nicht so schlimm war.
Es war ein schwacher Versuch,
dich davon abzuhalten, das zu tun,
was du wirklich willst in diesem Leben.
Du nimmst deinen eigenen Platz ein,
erfährst deine ganze Größe.

Du lässt dein eigenes Licht leuchten
und bist nicht mehr zu übersehen.

MEIN WEG

Losgehen, meinem eigenen Weg folgen.
Voller Angst und voller Vertrauen.
Unsicherheit gepaart mit Freude.
Neugierde gepaart mit einem Zaudern.
Den ersten Schritt wagen
und wissen: Es führt kein Weg mehr zurück.
Mich langsam vorwärtstasten,
weitergehen, Vertrauen fassen,
Freude spüren, auf meinem Weg.

ÄNGSTEN UND ZWEIFELN BEGEGNEN

MIT ÄNGSTEN UND ZWEIFELN UNTERWEGS

Es ist ein Satz von Sylvia Kolk, buddhistische Meditationslehrerin aus Hamburg, der meinen Weg bis heute geprägt hat. Sie sagte ihn in meinem Gespräch mit ihr zum Buch „Auf dem Herzensweg – Lebensgeschichten spiritueller Frauen" (vgl. Gundert, 2018), in dem sie eine der Porträtierten ist. In meinen Ohren klingt er bis heute in der Kurzform nach. Sie sagte: „Keine ist ihren Weg gegangen, ohne Ängsten und Zweifeln zu begegnen." Wörtlich sagte sie damals: „Wenn Prüfungen und Stolpersteine kommen, sind dies Herausforderungen an unsere Energie. Bleiben wir beharrlich ausgerichtet, wird die Energie kraftvoller durch dieses Hindernis. Hindernisse sind also in diesem Sinne nicht dazu da, aufzugeben, sondern sich zu vertiefen. Keine ist ihren Weg gegangen, ohne diesen Dämonen, Widersachern oder Hindernissen zu begegnen!" (vgl. Gundert 2018, unveröffentlicht)

Zwei Dinge waren es, die ich damals von Sylvia Kolk mitgenommen habe: die Erkenntnis, dass jede und jeder von uns diesen Ängsten, Zweifeln und Hindernissen begegnen wird. Jede und jeder. Dass sie kein Zeichen dafür sind, dass ich falsch bin auf dem Weg – sondern eher, dass ich genau richtig bin. Dass sie zum Weg dazugehören. Und: dass ich mit ihnen weitergehen kann. Durch sie hindurch. Diese Erkenntnis war für mich eine große Erleichterung! Zu spüren, dass da noch andere sind, die diese Erfahrung gemacht haben, die den Weg kennen, mit allem, was er mit sich bringt. Vor allem auch: dass es gar nicht darum geht, die Angst wegzubekommen oder irgendetwas mit ihr zu machen. Sondern vielmehr darum, sie zu fühlen und mit ihr zu sein, so dass sie sich wandeln kann.

Mir geht es oft so, dass die Angst erst kommt, wenn ich schon mittendrauf bin, auf dem Weg. So wie vor vielen Jahren, als ich mehrere Abende zum Singen von Herzens- und Kraftliedern für Frauen ausgeschrieben hatte. Damals hatte ich gerade mit der Weiterbildung zur Singleiterin für heilsames und gesundheitsförderndes Singen begonnen und gedacht: *Warum nicht gleich eine Gruppe gründen?* Womit ich nicht gerechnet hatte: Es meldete sich tatsächlich wer an. Gleich fünf Frauen. Als der erste Abend gekommen war, stand ich da und dachte nur: *Sabrina, was hast du da gemacht!* Am liebsten wäre ich zuhause geblieben. Ich hatte Angst, den Ton nicht halten zu können, schief zu singen (was beim Heilsamen Singen eigentlich egal ist), mich zu zeigen und das alles gar nicht auf die Reihe zu kriegen. Doch ich wollte die fünf Frauen nicht einfach stehen lassen, nur, weil ich Angst hatte. Also packte ich Trommel und Gitarre, einen Strauß für die Mitte und die Lieder ein und machte mich auf den Weg.

Was soll ich sagen? Ich habe die Gruppe danach ein Jahr lang regelmäßig alle zwei Wochen geleitet. Dann standen wieder Veränderungen an, das Spüren dessen, dass ich die Lieder mehr in meine bestehenden Seminare integrieren und so mit weiteren Elementen, wie dem Schreiben, der Natur und der Stille, verbinden wollte. Doch was ich damals gemerkt habe, war: Ich kann mit der Angst weitergehen. Und: Dahinter warten oft meine Kraft und mein Mut, die zuvor in der Angst gebunden waren. Nicht wenige Frauen erzählen mir, dass sie, wenn sie weitergegangen sind trotz Angst, genau in dem, was ihnen zuvor so viel Angst gemacht hat, später ihr größtes Potenzial gefunden haben.

So mag ich dich ermutigen: Wenn die Angst da ist, nimm sie mit auf den Weg. Sie darf da sein, gesehen werden. Und du darfst zugleich weitergehen, kannst weitergehen. Ganz sicher. Wenn die Angst sehr groß ist und du keinen Weg findest, mit ihr zu gehen und zu sein, hol dir Unterstützung! Das kann ein Buch sein, das dir Mut und Vertrauen schenkt, ein Ort in der Natur, der dich stärkt, oder ein Mensch, der dich eine Zeit auf deinem Weg begleitet. Für heute wünsche ich dir von Herzen ein gutes Weitergehen auf deinem Weg!

DU BIST RICHTIG HIER

Wenn die Angst auf deinem Weg auftaucht,
erinnere dich:
Sie gehört auf natürliche Weise zu deinem Weg dazu.
Wenn die Angst auf deinem Weg auftaucht,
wisse: Du bist richtig hier.

Die Angst ist vielmehr ein Anzeiger dafür,
dass du den richtigen Weg eingeschlagen hast,
als dafür, dass du falsch bist.
Sie zeigt dir zuverlässig die Schritte an,
die außerhalb deiner Komfortzone liegen.

Sie ermöglicht dir Wachstum,
erinnert dich an die,
die in dir lebt
und nur darauf wartet,
sichtbar zu werden,
sich in ihrer gesamten Lebendigkeit
zu erfahren.

ICH UMARME DIE ANGST

Der nächste Schritt wird sich zeigen.
Offen bin ich für das, was kommen mag.
Inne halte ich,
um gut zu mir zu sein,
für mich zu sorgen.
Achtsam will ich durch den Tag gehen,
meinen Körper und mich selbst heilend,
verstehend,
liebend.

Ausgehend von diesem Standpunkt,
diesem Verwurzeltsein aus
wird sich alles fügen.
Fügen zu Neuem,
zu dem noch nicht Greifbaren,
das entstehen will.

Ich umarme die Angst
und bleibe verankert
im Hier und Jetzt.

So bei mir zuhause seiend
bin ich Ankerpunkt,
unerschütterlich,
mag kommen, was will.
Verankert in mir und meinem Körper
kann ich schauen,
beobachten,
kann ich sein.

MÖGE DEIN WEG EIN SANFTER SEIN

Möge dein Weg ein sanfter sein.
Mögest du stärkenden Rückenwind erfahren.
Eine dich tragende Erde, wenn dein Leben erschüttert wird.
Vertrauen, Mut und Gewissheit in deinem Herzen,
dass du gut weitergehen kannst
mit allem, was ist.

DEN EIGENEN WEG GEHEN

VOM MUT DEN EIGENEN WEG ZU GEHEN

Auf meinem eigenen Weg habe ich vor allem eines gelernt: dass es sich lohnt, dem eigenen Weg zu folgen. Und dass wir immer alles haben, um loszugehen. Dass wir nicht auf den perfekten Moment warten müssen. Nicht darauf, endlich genug Ausbildungen gemacht zu haben, genug zu wissen, genug Geld zu haben oder alt genug zu sein. Sondern vielmehr, dass wir hier und jetzt alles haben, um loszugehen und dem Weg zu folgen, den wir von Herzen gerne gehen wollen.

Wie auch immer dein Herzensweg aussehen mag – ob du spürst, dass eine berufliche Veränderung oder eine Entwicklung im familiären Bereich ansteht. Ob es da einen Ort, eine Lebensform, einen spirituellen Weg gibt, der dich unwiderstehlich anzieht. Was auch immer es ist. Sicher ist: Du hast alles, um losgehen zu können. Bereits heute. Und: Welche Schritte du im Außen auch gehst, der Weg wird dich immer weiter zu dir selbst führen.

Brechen wir auf, dem Ruf unseres Herzens – der sich wie eine Sehnsucht, ein Knarzen, das Gefühl, dass im eigenen Leben etwas unrund läuft oder etwas fehlt, anfühlen kann – zu folgen, begeben wir uns zugleich auf eine Reise zu uns selbst. Wir nehmen die Verantwortung für unser Leben zu uns zurück. Wir erleben wieder, dass wir unser Leben bewusst gestalten können, dass wir handlungsfähig sind. Wir ermächtigen uns selbst, es zu tun.

In diesem Gehen erfahren wir, wie wir immer echter, immer authentischer werden. Mit unserem Gehen haben wir die größte Wandlung unseres Lebens überhaupt begonnen. Wir gehen zurück zu uns selbst. Hin zu dem Leben, das uns wirklich entspricht. Wir beginnen, gestalterisch, schöpferisch tätig zu sein. Und entdecken die Möglichkeiten, die unser Leben all die Zeit für uns bereitgehalten hat.

IN DIE STILLE LAUSCHEN

Zwischen Kühen, einem Gebirgsbach und dem Blick auf den Vierwaldstätter See nahe Luzern in der Schweiz, bin ich auf dem Berg Rigi in die Selbstständigkeit gestartet. An einem Nachmittag nahm ich dort, in einem Meditationszentrum sitzend, Stift und Papier und schrieb auf, was ich tun würde. Ich staunte: Das halbe Jahr zuvor hatte ich händeringend im Außen nach dem gesucht, was ich tun wollte in diesem Leben, wofür ich hier war, wo mein Weg weitergehen wollte – und keine Antworten gefunden. Jetzt standen sie Schwarz auf Weiß auf dem Blatt Papier vor mir.

Zu diesem Zeitpunkt hatte ich gerade eine Woche Kreatives Schreiben und Meditation zusammen mit einer weiteren Frau in jenem Meditationszentrum geleitet und war anschließend noch ein paar Tage geblieben. Ich hatte keine spezielle Meditation oder irgendetwas anderes gemacht. Hatte mir nicht überlegt „Heute finde ich die Antworten auf meine Fragen!". Ich hatte einfach intuitiv Stift und Papier genommen und geschrieben, an jenem Nachmittag.

Und doch. Rückblickend sehe ich, was sich gewandelt hat: Während ich die Monate zuvor damit beschäftigt war, Praktika, Auslandsaufenthalte, verschiedene Jobs und Möglichkeiten auszuprobieren und zu durchdenken (nur um immer wieder festzustellen: Das ist es nicht), war ich hier erstmals zur Ruhe gekommen. Ich lief nirgendwo hin, veränderte nichts, probierte nichts Neues aus, ich suchte nicht, ich war einfach.

Heute erkenne ich den Wert, den es hat, wenn wir still werden und erlauben, dass die Antworten, die all die Zeit in uns sind, sich zeigen können. Ich weiß, das klingt nach Klischee und doch ist es genau das, was uns im Alltag oft fehlt. Wir sind so beschäftigt damit, Antworten zu finden, zu laufen, zu suchen, zu rennen, dass uns die Antwort selbst gar nicht erreichen kann.

Indem wir Lücken, Freiräume in unserem Tag schaffen, gibt es Ritzen, durch die die Antwort hindurchschlüpfen kann. Das kann eine Woche im Kloster sein oder am Meer. Das kann aber genauso gut – und oftmals noch realistischer – eine halbe Stunde Spazieren am Tag sein, die du dir nimmst. Oder zwei Stunden Spaziergang am Wochenende. Eine halbe Stunde Meditation am Abend. Schreibzeit am Morgen. Was auch immer es für dich ist.

Raum, der nicht verplant ist mit äußeren Aktivitäten. Wo es nicht darum geht, etwas zu erreichen oder irgendwohin zu kommen, sondern wo es genügt, dass du bist mit dem, was ist. Aus dieser Verbindung zum Jetzt vermögen sich die Antworten zu zeigen, nach denen du suchst.

Ich selbst schrieb an jenem Nachmittag auf, dass ich mich selbstständig machen würde (ich hatte niemals selbstständig sein wollen!), Schreibwerkstätten leiten, Schreibcoachings geben, Artikel und Bücher schreiben, Postkarten entwerfen und eine Website namens *handgeschrieben.de* (wie sie dann auch viele Jahre hieß) haben würde. Als ich fertig geschrieben hatte – und es war vielmehr ein *Es schreibt*, denn ein *Ich schreibe* – staunte ich. Das waren keine Antworten, die mir zuvor mit dem Kopf bewusst gewesen waren oder die ich schon öfters in mir bewegt hatte. Dass waren Antworten, die nur zu gut passten, die vorher aber nicht in meinem System, nicht in meinem Bewusstsein gewesen waren.

Aus dem scheinbaren Nichts hatten sich die Antworten gezeigt. War eine Spur, eine Richtung, ein Weg sichtbar geworden, dem ich folgen konnte. Das meint nicht, dass es immer leicht geht. Nicht im Sinne von, alles geht von selbst und ich muss nichts tun. Und doch, folge ich den Antworten, die aus solch einer Stille entstehen, erlebe ich oft, wie die Dinge sich selbstverständlich ineinanderfügen. Wie ich die Unterstützung erhalte, die ich brauche. Wie eine Begegnung in die nächste greift und etwas Größeres am Werk ist.

Aus der Zeit auf der Rigi habe ich vor allem gelernt, wie groß der Wert der Stille ist. Dass in ihr tatsächlich alles enthalten ist. Dass es meist viel mehr Wert hat, nach innen zu gehen, als all die Zeit da draußen nach einer Antwort zu suchen. Zugleich habe ich selbst erlebt, dass ich es bin, die dafür zuständig ist, mir immer wieder Zeiten und Räume der Stille zu schaffen, so dass sie in meinem Leben wirken kann.

In diese Stille können wir auch große Fragen mit hineinnehmen. Fragen, wie: *Was ist meine größte Sehnsucht? Wohin zieht es mich? Was ist mein Ruf? Was will ich wirklich? Wonach sehnt sich mein Herz?* Nicht mit der Haltung, Antworten zu finden. Sondern vielmehr mit einem freudigen, neugierigen Lauschen. So wie Rainer Maria Rilke es in einem Text im Buch „Briefe an einen jungen Dichter" sinngemäß sagte: die Fragen selbst zu lieben, „wie Bücher, die in einer sehr fremden Sprache geschrieben sind" (Rilke, 2009, S. 25), um so eines Tages in ihre Antwort hineinzuleben.

ES GIBT IMMER ETWAS,
WAS DU JETZT TUN KANNST

Unser Kopf ist gut darin, aus anfänglichen Ideen und Träumen schnell einen riesigen Berg zu machen. Nehmen wir an, ich wollte Künstlerin werden. Jetzt wohne ich in Engen, einer Kleinstadt. Mein Kopf sagt: *Du solltest besser nach Berlin ziehen, da ist mehr los. Oder besser noch nach New York!* Nehmen wir an, ich hätte eine Katze. Jetzt wird der Kopf sich weiterhin fragen: *Aber wie soll das mit der Katze gehen? Wie ist das mit den Impfungen? Kann ich sie überhaupt mitnehmen? Und brauche ich dann nicht auch ein neues Auto, um all die großen Bilder zu transportieren? Wird mein Führerschein in New York eigentlich anerkannt? Ach, das ist mir doch eine Nummer zu groß, ich sollte es lieber sein lassen.*

Kennst du das auch? Eine Idee, ein anfänglicher Traum, in Sekunden verpufft. Doch das muss nicht sein. Wir dürfen uns erinnern, dass es ausreicht, Schritt für Schritt zu gehen. Ja, dass das letztendlich das Einzige ist, was wir wirklich tun können. Wenn ich Künstlerin werden will, kann ich heute Stift und Papier nehmen und ein erstes Bild malen. Ich kann in den Bastelladen gehen und mir eine Leinwand und Farben kaufen. Kann mich zu einem Malkurs anmelden. Egal, was es ist, es gibt immer einen Schritt, den ich jetzt tun kann.

Dieser Schritt mag sich unendlich klein anfühlen, doch mit ihm beginne ich meinen Weg. Du kennst es sicherlich auch, beim Spazieren oder Wandern einen kleinen, schmerzhaften Stein im Schuh zu haben. Er mag noch so klein sein und doch kann er jeden nächsten Schritt verunmöglichen. Nehmen wir den Stein aus dem Schuh heraus, läuft es wieder rund. So ist es auch mit den Steinen auf unserem Weg. Gefühlt haben wir da einen riesigen Berg vor uns und nehmen durch das Malen des ersten

Bildes oder die Anmeldung zum Malkurs einen klitzekleinen Stein (der letztendlich aber der entscheidende ist) weg von diesem Berg. Stein für Stein – Schritt für Schritt – tragen wir den Berg vor uns ab, der Weg, der sich darunter zeigt, wird gangbar.

Wenn du nächstes Mal das Gefühl hast, es gibt nichts, was du jetzt tun kannst, oder nur zu gewillt bist, deine Träume, Ideen und Herzenswünsche aufzugeben, frage dich, was es ist, was du jetzt tun kannst. Komm zurück aus deinem Kopfkino in den jetzigen Moment. Erlaube dir, dass möglich wird, was du in der Welt sehen willst. Gehe Schritt für Schritt. Beginne heute. Was ist es, das du jetzt tun kannst? Und dann: Tue es.

WEGGEFÄHRTINNEN UND WEGGEFÄHRTEN

Als ich mich 2011 aufgemacht habe, meinem Herzensweg zu folgen, habe ich nach Vorbildern gesucht. Nach Frauen und Männern, die einem Weg gefolgt sind, der ganz der ihre ist. Die einen Ruf in ihrem Herzen gespürt haben, eine Sehnsucht, der sie einfach folgen mussten. Die ein Knarzen in ihrem Leben gespürt haben, das Gefühl, dass etwas unrund läuft – und aus dem die nächsten Schritte für ihren Weg erwachsen sind.

Damals habe ich in meinem Umfeld nach jenen Frauen und Männern gesucht – und keine gefunden. Da war nur der Professor an der Uni, der den Kopf schüttelte und sagte: *Wolltest du nicht eigentlich den Master und den Doktor machen? Was soll das denn jetzt mit der Selbstständigkeit?* Da war die Freundin, die sich irritiert abwandte, jetzt, wo ich auf einmal begann so komisch zu sein und nicht mehr dem ursprünglich geplanten Weg (mit Master, Doktor und Festanstellung) zu folgen. Da war die Familie, die Unverständnis zeigte.

Wo waren sie, jene herzensmutigen Frauen und Männer, die einfach gingen, weil sie einen Ruf, eine Sehnsucht in sich spürten? Gab es da Menschen, die auf einem ähnlichen Weg waren wie ich? Blickte ich mich um, schien dem nicht so. Vielmehr erlebte ich eine tiefe Einsamkeit und ein großes Unverständnis anderer meinem Weg gegenüber. Wie viel leichter war es gewesen, zuvor in einem Strom mitzulaufen, statt jetzt gefühlt alleine hier zu stehen.

Aus dieser Frage nach Menschen, die ebenfalls ihrem eigenen Weg gefolgt sind, ist das Buch „Auf dem Herzensweg – Lebensgeschichten spiritueller Frauen" (vgl. Gundert, 2018) entstanden. Zehn Frauen habe ich hierfür porträtiert, sie in Deutschland, Österreich und der Schweiz besucht und ihre Lebenslinien nachgezeichnet – mit allen Höhen und Tiefen.

Es waren diese zehn Frauen, die mir zu Beginn meines Weges zeigten: Ja, es gibt sie. Die weiteren Menschen, die ebenfalls dem Ruf ihres Herzens gefolgt sind und folgen. Und ja, auch sie erlebten Ängste und Zweifel, Widerstände und Widersacher. Ich begann zu begreifen, dass all dies Teil des Weges war.

Die Weggefährtinnen und Weggefährten, die mir damals zunächst in Form der Frauen in meinem Buch, mehr und mehr – je weiter ich selbst auf diesem Weg ging, je klarer ich zu mir stand und je authentischer ich wurde – auch auf meinem eigenen Weg begegneten, sind bis heute mit das Schönste und Wertvollste, der beste Wegproviant auf meinem Weg. Denn sie lassen mich spüren, dass ich nicht alleine bin, sondern vielmehr, dass wir bereits viele sind, auf neuen Wegen.

Dafür musste bei mir – und das erlebe ich bei vielen Menschen, die ich über die Jahre begleitet habe, wie auch bei Freundinnen und Freunden ebenfalls so – erst einmal mein gewohntes Umfeld wegbrechen. Es sind wenige bis keine Menschen, die aus der Zeit vor meiner Selbstständigkeit, die mit dem bewussten Beginn meines Herzensweges zusammenfällt, geblieben sind. In dem Maße, wie manche Menschen weggefallen sind – und dass schafft erst einmal ein Loch wie auch Platz für Neues –, sind neue Menschen mit der Zeit hinzugekommen. So dass mein Umfeld wieder der entspricht, die ich jetzt gerade bin (was natürlich ebenfalls bedeutet, dass es ganz natürlich ist, dass sich das Umfeld weiter wandelt, wandele ich mich wieder).

Wir dürfen uns erinnern: Wir werden in jedem Fall Weggefährtinnen und Weggefährten begegnen auf unserem Weg. Vielleicht sind das zu Beginn Menschen in Büchern oder die wir aus Filmen oder Serien kennen. Vielleicht Menschen, deren

Podcast oder Vortrag wir hören. Vielleicht sind es Bücher, die uns begleiten und in denen wir uns verstanden und zuhause fühlen. Bestimmte Orte oder Tiere. Mehr und mehr werden sich ebenfalls ganz reale, greifbare Menschen um uns versammeln, die wie wir auf dem Weg sind. Das ist das Schöne: Wir wissen schon jetzt, dass manches sich wandeln wird. Und wir wissen zugleich, dass es immer authentischer, echter und zu uns passender werden wird, indem wir gehen. Darauf können wir uns jetzt schon freuen.

In all dem und besonders zu Beginn des Weges, können wir zudem selbst zu wertvollen Weggefährtinnen und Weggefährten für uns werden. Wir können uns fragen: Was unterstützt mich darin, in meiner Kraft zu bleiben oder in sie zurückzukommen? Wodurch fühle ich mich gewertschätzt? Was hilft mir, meinen Weg weiterzugehen? Was wäre jetzt eine liebevolle Geste mir selbst gegenüber? Das kann etwas Kleines oder Großes sein, kostenfrei oder etwas kosten, ganz gleich. Vielleicht ist es die tägliche Tasse Tee am Nachmittag, die diese liebevolle Geste für dich ist. Das Buch, das du dir selbst schenkst. Vielleicht ist es der frische Strauß Blumen vom Wochenmarkt, die halbe Stunde Meditation am Morgen, die deine Wertschätzung dir selbst gegenüber ausdrücken.

DICH SELBST WERT-SCHÄTZEN

DU BIST WUNDERSCHÖN

Wie wunderschön du bist.
Mit all deinen Ängsten,
deinen Sorgen und Zweifeln.
Mit deiner Kraft und Freude,
deinem einzigartigen Sein.

Wie wunderschön du bist,
ganz so, wie du bist.

BIST DU EINE BLUME, DIE DUFTET?

Vergangene Woche habe ich einen Blumenstrauß geschenkt bekommen. Einen sehr schönen Blumenstrauß. Doch er hat mich zum Nachdenken gebracht. Die meisten Namen der Blumen in diesem Strauß kenne ich nicht. Jedes Mal, wenn ich meine Nase ihrer Schönheit nähere, stelle ich fest: Die Blumen duften nicht.

Dabei wirken sie so perfekt, so makellos. Und vielleicht ist genau das der Grund, der mich nachdenklich gemacht hat: Haben sie ihren einzigartigen Duft getauscht gegen Makellosigkeit, Größe und üppige Blüte? Irgendwie wirken sie auf einmal nur noch halb so perfekt auf mich.

Ich merke: Genau so versuche ich selber oft zu sein: perfekt, makellos und immer üppig blühend. Doch das bin ich nicht. Ich bin ein Mensch wie du. Ein zyklisches Wesen. Eines, das Zeiten hat, in denen es wächst, aufblüht. Zeiten, in denen es seinen Duft nur so verströmt und alle damit betören möchte. Dann wieder mit Zeiten, in denen es sich zurückzieht, verwelkt, ruht, stirbt, um neu geboren zu werden.

Ich bin viel mehr wie eine Margerite, stelle ich fest. Wie eine Heckenrose. Ein Gänseblümchen. Oder ein Löwenzahn. Sie alle sind (vermeintlich) unscheinbar und alltäglich. Wachsen am Wegesrand, hier und dort. Sie alle können (so scheint es) nicht mithalten mit dem Strauß, den ich geschenkt bekommen habe. Und doch sind sie eines: authentisch, echt und ganz. Ganz mit allem, was zu ihnen gehört. Mit ihrem Blühen wie ihrem Verwelken. Mit ihrer einzigartigen Schönheit, ihrem Sosein.

Mögen wir uns alle immer wieder gegenseitig daran erinnern, wie der Löwenzahn (der sich selbst durch eine schmale Asphaltritze empordrängt), das Gänseblümchen, die Heckenrose und die Margerite zu blühen und zu sein. Uns daran erinnernd, dass wir vollkommen sind, so, wie wir sind. Dass wir schön sind. Dass wir einzigartig sind. Dass wir so sein und duften dürfen, wie wir sind.

DEINE SCHÖNHEIT SANFT BERÜHREN

Ich sehe dich, wie du dastehst und dich drehst.
Sehe dich in deiner ureigenen Schönheit, tanzend im Kreis.

Wenn du dich selbst wieder spürst,
erkennst, dass du jederzeit mit dir verbunden bist,
und lernst, deinem eigenen Spüren wieder zu trauen,
kann sich der Raum in dir weiten.

Raum,
um deine ureigene Schönheit kennenzulernen,
wertzuschätzen,
zu feiern und zu würdigen.

Raum,
um aus ihr Kraft
und ein neues Selbstverständnis für dich zu schöpfen.

Schön, dass du hier bist.
In deiner einzigartigen Schönheit.
Als Du, auf allen Ebenen.
Schön, dass du hier bist im Kreis.

DU BIST DAS WERTVOLLSTE, WAS DU HAST

Von meinem Schreibtisch aus blicke ich auf eine Postkarte, auf der steht: „Geh mit dir selbst keine Kompromisse ein. Du bist alles, was du hast."

Sie erinnert mich daran, gütig mit mir zu sein, liebevoll, achtsam. Behutsam mit mir zu reden, besonders, wenn es mir schwerfällt. Mir viel öfter die Frage zu stellen, wie es mir geht, um wirklich bei mir zu sitzen und mir zu lauschen.

Was, wenn ich nur
für mein eigenes Leben
unersetzlich
bin?

Die Postkarte erinnert mich an die Heiligkeit, die Einmaligkeit, an den Wert meines Lebens. Sie ruft mir zu: Lebe dich. Lebe dein Leben. Sei bei dir. Geh für das, was dir wichtig ist. Vertraue dir. Folge deinem Weg. Du bist wertvoll. Du bist wichtig.

DER EIGENEN WAHR-NEHMUNG TRAUEN

DIE PFEIFE DER WAHRHEIT

Ich nehme die Pfeife der Wahrheit
zur Hand und koste.
Koste von ihr und erkenne,
dass vieles, von dem ich mich
wollte glauben machen,
dass es noch passt, längst
nicht mehr passt.

Ich erkenne all die Unwahrheiten,
die ich bereits viel zu lange lebe.
Erkenne die Angst zu scheitern,
loszulassen und den Fokus zurück zu mir zu nehmen.
Ich erkenne die Angst,
dann niemand mehr zu sein.
Nicht mehr suchend, ringend, wollend,
sondern einfach seiend, hier.

Wo immer Unwahrheit war und ist,
wo immer ich mich selbst getäuscht habe,
dringt der Duft der Wahrheit durch.
Ich kann, ich mag nicht länger so tun
als könnte ich sie nicht sehen.

Als würde ich ihre Sprache nicht sprechen
und ihre Worte nicht verstehen,
obwohl ich des Sprechens und Hörens längst mächtig bin.
Lausche ich, so erkenne ich,
dass die Zeit aufzubrechen längst gekommen ist.
Dass es jetzt, hier, hoch an der Zeit ist,
zu tun, wozu ich gerufen bin.

Der Dampf der Pfeife enthüllt,
was gesehen, löst auf, was verschwinden,
ruft ins Leben, was geboren werden will.
Zurück bleibe ich, nackt.
Mit dem, was mir wichtig ist.
Mit dem, was wirklich zählt.
Mit dem, wofür ich gehe.

In meiner ganzen Nacktheit, mit meinem ganzen Leben,
in meiner ganzen Schönheit, aufrecht in meiner Kraft.

DIE EIGENE MEDIALITÄT LEBEN

Lange habe ich mich dagegen gewehrt, mehr zu wissen als das, was allgemeinhin als normal gilt. Ich nahm mehr Dinge wahr als andere und versuchte doch viele Jahre, genauso zu sein wie alle. Damit schnitt ich mich von meinen Fähigkeiten ab. Von meiner Medialität, meinem Hellwissen, ebenso wie von meinem alten inneren Wissen. Vor allem: Ich schnitt mich von mir selbst ab.

Inzwischen weiß ich: Es gibt nichts Schmerzhafteres, als einen Weg einzuschlagen, der uns von uns selbst wegführt. Bei dem wir einen Teil von uns wegdrücken, um zu sein wie alle anderen. Ich weiß, wie es ist, sich zu verstecken und zu verleugnen aus der Angst, entdeckt zu werden. Ausgelacht zu werden für das, wie man ist. Anzuecken. Ausgestoßen zu sein. Vielleicht sogar umgebracht zu werden für die eigene Wahrheit. Eine Angst, die uralt und häufig in einem früheren Leben begründet ist. Ich weiß, wie viel leichter es ist, unsichtbar zu sein, als sichtbar zu sein. Und ich weiß, wie sehr das schmerzt. Mir ist ebenfalls bewusst, dass wir nicht auf diese Welt gekommen sind, um uns kleinzuhalten und zu verstecken, sondern, um in unserer Größe zu stehen und zu leuchten. Dass wir unsere Kraft, Macht und unser Wissen wieder zu uns zurückholen dürfen, um damit zu einer Welt beizutragen und sie mit zu kreieren, in der wir von Herzen gerne leben möchten.

Menschen haben mich gefragt: Wie hast du das gemacht, deine Medialität, dein inneres Wissen wieder anzunehmen? Es waren mehrere Wege, sich ineinanderfügende Pfade. Da war der Wunsch, in einer Heilsitzung ausgesprochen, mein altes, inneres Wissen wieder zu mir zurückzuholen, es einzuladen. Lange folgte dem nichts. Ich hatte zwar schon mit 15 Jahren Bücher über Nahtoderfahrungen gelesen und mit 18 Jahren Ausbildungen in energetischer Heilarbeit gemacht, sie jedoch viele Jahre nicht genutzt.

Denn ich hatte Angst, auf einmal alles zu sehen. Tote, Aura und alles, was nicht zur alltäglichen Welt gehört. Ich hatte Angst, als verrückt zu gelten. Und ich bekam oftmals die Symptome der Klienten, wenn ich mit ihnen arbeitete. Hier unterstützte mich ein Buch zum Thema Medialität, mich selbst zu schulen und klarer wie bewusster mit meinen wie den mich umgebenden Energien umzugehen. Ein Weg, auf dem ich weiterhin bin.

Der Austausch mit anderen, einigen wenigen, vertrauten Menschen, deren „Normal" dessen, was sie wahrnehmen, ebenfalls größer ist als das vieler anderer Menschen, half mir, für mich neu zu definieren, was für mich normal ist und was nicht. Anzuerkennen, dass meine Wahrnehmung erweitert ist. Nicht zuletzt war es ein Partner von mir, ebenfalls sehr spürig und wahrnehmend, durch den auf einmal das Hellwissen in voller Kraft zurückkam. Ich glaube, ich fühlte mich mit und durch ihn erstmals normal: Da war ein Mensch in meinem Alter, der so wahrnahm wie ich. Mit dem ich über das Wahrnehmen von Energien und innerer Führung genauso sprechen konnte wie über den Film, den wir zuletzt zusammen im Kino gesehen hatten, und den See, den wir am Wochenende besuchen wollten.

Heute ist es vor allem die innere Führung und Verbindung zur geistigen Welt selbst, die mich in meiner Medialität und dem Umgang hiermit schult.

Wenn es dir ähnlich geht wie mir, können dir meine Worte vielleicht zeigen, dass du nicht alleine bist mit deiner Wahrnehmung. Dass diese normal, hilfreich ist, dass etwas sehr Wertvolles und Einzigartiges sich durch sie und aus ihr in deinem Leben entfalten möchte und kann.

Für mich ist die Verbindung zur geistigen Welt eine Unterhaltung wie mit Freunden. Durch sie erfahre ich Unterstützung, Führung und Begleitung in und durch meinen Alltag. Wie ein inneres Navi schenkt sie mir auf Nachfrage Antworten, Perspektiven, Blickwinkel und Lösungen. Lässt mich Dinge erfahren, ehe sie geschehen, und Dinge verstehen, die sind. Dabei hat sie immer ein größeres Ganzes im Blick, eine umfassendere Sicht auf die Dinge.

Seit ich die Medialität wieder angenommen habe, fühlt sich mein Leben vollständiger an. Weil auch dieser wesentliche Teil von mir gesehen ist.

Es ist ein Weg, der mich tief in meine Kraft und zum Wiederannehmen meiner eigenen Macht führt. Ein Weg, auf dem ich weitergehe. Auf dem ich mich wie meine Fähigkeiten und das, was ich wahrnehme, vertiefe und verfeinere. Ein Weg, der mich ganz macht.

WAS WÄRE, WENN DU DIE MEDIZIN BIST?

Was wäre, wenn du die Medizin bist,
nach der du auf der Suche bist?
Was, wenn all das, was du in dir trägst,
sogar deine größte Wunde
– und besonders die –
verwandelt zu heilsamer Medizin
für dich und uns alle werden kann?

Was, wenn es so unendlich wertvoll ist,
ja, wenn alles im Universum und besonders du und ich
nur darauf warten, dass du endlich deinen Platz einnimmst?

Was, wenn du es wagen würdest, zu vertrauen?
Wenn du es einfach probieren und schauen würdest,
wo du landest?
Was, wenn das Herz dein Wegweiser sein könnte,
wenn du den Weg schon wüsstest,
auch wenn du ihn noch nicht ahnst?

Vertraue dir, vertraue in dich.
Glaube dir, glaube an dich.

Ich vertraue in dich,
ich glaube daran,
dass du die wertvollste Medizin für dich
und uns alle
schon längst in dir trägst.

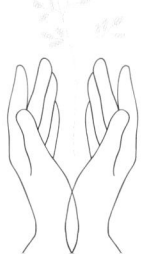

DER INNERE RUF

MUTTER ERDE

Mutter Erde,
du rufst mich in dieser Wandlungszeit,
aufzubrechen und sichtbar zu werden,
für das Meine zu gehen.

Mutter Erde,
du gibst mir die Kraft und die Inspiration,
die Sehnsucht und den Duft des Neuen,
die mich dazu bringen,
wirklich aufzubrechen und zu gehen.

Mutter Erde,
in dir und durch dich erhalte ich die Nahrung, die ich brauche:
Wärme und Geborgenheit,
Sonne und Tatenkraft,
den Pulsschlag in deinem Herzeninnern, der auch der meine ist.

Mutter Erde,
so will ich aufbrechen und gehen,
will mich zeigen,
mein Lied tanzend, auf dir,
auf dieser Erde, mit denen, die hier sind,
mit mir.

Danke, Mutter Erde.

DAS HEILIGE, FÜR DAS DU GEKOMMEN BIST

Und wenn du dann eines Morgens
die Welt anschaust und siehst,
dass es da einiges gibt,
was im Argen liegt,
und du spürst den Drang, die Ärmel hochzukrempeln
den Rock zu lupfen und die Schuhe gut zu schnüren,
um mitten hineinzugehen in dieses Leben,
dann ist es gut, dich deiner Kräfte zu erinnern.

Dich deines Schwertes zu erinnern,
das du in der Hand und auf der Zunge trägst,
und das klar „Ja" und „Nein" sagt und meint
und sich für das entscheidet,
was dem Leben dient.

Dich deines Herzens zu erinnern,
das aufbirst vor Liebe und Schmerz
und dich einlädt, ganz fühlend mitten in dieser Welt zu stehen.

Dich deiner Beine und Füße zu erinnern,
die es dir erlauben zu gehen,
dorthin, wo du wachsen, blühen und gedeihen kannst.

Dich deiner Arme und Hände zu erinnern,
die anpacken für das, was sie in dieser Welt
an Heilsamem sehen wollen.

Wenn du dich zurücknimmst zu dir,
dich wieder ganz an deine Seite stellst,
dich spürst mit dem, was jetzt wichtig und wertvoll ist,
erinnerst du deinen Platz.

Du erinnerst den Plan hinter all dem,
das Heilige, für das du gekommen bist,
zu dem du beitragen, für das du gehen,
von dem du Teil sein wolltest.

Du erinnerst deine Kraft und deinen Wert,
du verinnerlichst wieder,
dass du Teil von allem und allen bist,
verbunden zutiefst.

Du erinnerst deine Kraft, Weisheit und Liebe.
Du weißt wieder, dass dein Leben nicht unerheblich,
nicht egal oder gar überflüssig ist.

Du erinnerst, welchen Wert es hat,
dass du zurück zu dir nach Hause kehrst
und klar für den Weg gehst,
von dem dein Herz so lange schon singt.

VISION DES HERZENS

Ich hatte keine Ahnung, wer er war und woher er kam, als ich ihn plötzlich hörte.

Zuvor war ich eine Stunde Zug gefahren. Hatte viel geschrieben. Mir Gedanken darüber gemacht, wie weit ich meiner Vision folgen konnte, wie weit es sinnvoll war. Ob ich nicht manchmal doch lieber vernünftig werden, mich um das Geld kümmern, einen Plan machen sollte. Ob ich wirklich so weit vertrauen durfte, auf mich, den Ruf in mir und die Vision einer Welt, in der Menschen sich erinnern an das, wofür sie hier sind, ihr Eingebundensein zwischen Himmel und Erde spüren, den tiefen Frieden, der daraus erwächst, und es wagen, einander wieder als Menschen zu begegnen.

Und dann stand er da. Davide Martello, dessen Namen ich erst viel später erfahren sollte, und sein Flügel, angehängt an ein E-Bike. Er stand da, mitten auf der Marktstätte in Konstanz am Bodensee, einem sonst eher trostlosen, fast baumlosen Platz, über den die Menschen vom und zum See hetzen, mit Einkaufstaschen, Plänen im Kopf, gesenktem Blick.

Doch heute war etwas anders. Oder: alles. In einem Kreis standen da Menschen um ihn, seinen Flügel und sein E-Bike, während Klavierklänge die Marktstätte fluteten. Die Zeit schien verlangsamt, die Menschen mit ihr, ursprüngliche Pläne nicht länger wichtig. Ich hörte einen Mann neben mir zu jemandem sagen, der Klavierspieler hieße Davide, er spiele überall auf der Welt, vor allem auch an Orten, an denen Unruhen und Gewalt herrschten. Überall dort baue er seinen Flügel auf und spiele. Nur das. So schloss ich die Augen, öffnete sie wieder, sah mich um.

Meine eigene Einkaufsliste hatte ich längst abgehakt. Denn ich bemerkte, dass ich mitten in der Antwort auf all die Fragen stand, die mich die Zugfahrt über begleitet hatten – und die mir inzwischen so fern erschienen. Denn mit jedem Klang flog die Antwort über den Platz und schien zu rufen: Ja, es ist sinnvoll seiner Vision zu folgen. Ja, es ist unendlich wertvoll, an etwas Größeres zu glauben. Auch, wenn es manchmal idiotisch, unerreichbar, idealistisch oder weltfern scheint.

Und ja, es ist möglich, dass wir einander wieder als Menschen begegnen. Dafür braucht es nicht viel. Manchmal reicht ein Klavierstück im Nieselregen auf einem zugigen Platz aus. Um die Stille, das Leuchten und unser Verbundensein als Menschen wieder so greifbar zu erfahren.

Am Ende dieses Tages spürte ich, wie mein Mut zurückgekehrt war. Darein, zwischen verspäteten Bahnen, täglich neuen Kriegsschauplätzen und der Vorsteuerabgabe das Wesentliche nicht aus den Augen zu verlieren: meine Vision. Das, wofür ich stehe. Wofür ich gehe. Wofür ich hier bin. Sie zu erinnern, vielleicht auch: Sie erst einmal zu finden. Um sie dann in die Welt zu tragen und zu leben.

DU
BIST
WILL-
KOMMEN

ZUVERLÄSSIG AN DEINER SEITE STEHEN

Verlass dich selbst nicht länger! Steh zu dir und deinen Bedürfnissen! Zu dem, was dein Körper braucht. Zu dem, was du brauchst. Was deine Seele braucht. Hör auf, den anderen nachzujagen, nachzulaufen, sie in dein Leben einzulassen, obwohl ein einfaches „Nein!" genügen würde. Hör auf, gefallen zu wollen, obwohl es dir gar nicht gefällt.

Fang an, zu dir zu stehen. Deine Grenzen zu erkennen, anzuerkennen. Erlaube dir, klar ja und nein zu sagen. Beginne, unbequem zu sein. Hör auf, es anderen recht zu machen. Von dir abzurücken, in eine Art Totenstarre zu verfallen, weil du meinst, du könntest nicht anders. Du kannst. Bleibe bei dir. Bleibe in deinem Körper. Bleibe hier. Bleibe wach. Bleibe präsent. Schaue dir den Schmerz an, der sich zeigt. Fühle die Traurigkeit, die da ist. Sei mit dem, was ist. Das ist der Weg der Heilung. Der radikale Weg. Alles andere sind Umwege vom Eigentlichen.

Indem du dir erlaubst, wieder präsent in dir und an deiner Seite zu werden, kann heilen, was in früheren Jahren – vielleicht als Kind – in dir verletzt wurde. Kann ganz werden, was zu dir gehört. Kann zu dir zurückkommen, was immer Teil von dir war.

Ich schreibe so klar und direkt an dich, weil ich es selbst gut kenne. Und weil ich es leid bin, von mir wegzurücken. Weil ich bereit bin, aufzustehen, meine Kraft und Macht zu mir zurückzuholen und gefährlich zu werden.

Gefährlich, weil ich die anderen nicht länger brauche, um meine Bedürftigkeit zu stillen. Gefährlich, weil ich beginne, mir selbst die Mutter, der Vater zu sein, die ich brauche. Gefährlich, weil ich weiß, dass ich an meiner Seite sein kann – und dass hier die wichtigste Beziehung beginnt, die ich je eingehe und brauche.

Wenn du spürst, dass es Zeit ist, zu dir nach Hause zurückzukehren, beginne heute. Spüre dich in deinem Körper. Nimm den Boden unter deinen Füßen wahr. Erkenne, anerkenne, wo du wiederholt deine Grenzen überschreiten lässt und selbst überschreitest. Werde präsent in dir.

Wege, die dich darin unterstützen können, sind die Bewegung und die Berührung. Tanze, gehe spazieren, sei im Wald, berühre mit den Füßen die Erde. Spüre dich. Berühre dich selbst, halte dich, umarme dich, fühle dich in deinem Körper. Lege eine Hand dort auf, wo du es jetzt brauchst, wo es dir guttut. Verweile einen Moment mit dir.

Erlaube dir heute, deiner Wahrnehmung und Wahrheit wieder zu trauen. Erlaube dir, du zu sein, bei dir zu sein. Erlaube dir, dich nicht länger zu verlassen, sei hier. Bei und in deinem Körper. Bei deiner Seele. Bei dem, was du für ein unversehrtes Leben brauchst.

DIE HÜTERIN MEINES PLATZES

Ich bin die Heilerin
meiner Wunden,
die Hüterin meines inneren Platzes,
die Verantwortliche für
mein Tun und Nicht-Tun.
So will ich den Ton ergreifen,
spüre ich ein Lied in mir.
Der Bewegung folgen,
ist da ein Tanz.
Das Wort sagen,
um etwas zu wandeln.
Und meine heilsam-kraftvollen
Fähigkeiten
zu mir zurückholen.

WAS IST DEINE MEDIZIN?

Vor einigen Jahren noch hätte ich eine Medizin höchstens einem Arzt zugestanden. Ja, ich hätte sie mit nichts anderem in Verbindung gebracht. Wenngleich ein Teil von mir es – glaube ich – schon immer gewusst hat. Dass jede und jeder von uns ihre und seine eigene Medizin in sich trägt. Dass wir alle die Heilung für uns und die Welt sind. Meine eigene Medizin ist dabei für mich eng mit meinem Herzensweg verbunden. Mit dem, was ich in der Welt zu geben habe. Mit dem, von dem ich spüre, dass es mich unweigerlich anzieht, dass es sich ausdrücken möchte, dass es der rote Faden ist, der sich seit jeher durch mein Leben webt.

Für mich ist meine Medizin das Schreiben. Ich habe keine logische Erklärung dafür, außer vielleicht die, dass meine Eltern als Kind viel mit mir gelesen haben und oft in der Bibliothek waren – aber ich glaube, der Urgrund dieser Medizin liegt viel tiefer. Denn das Schreiben ist etwas, was sich – egal auf welche (Ab-)Wege ich in meinem Leben gelangt bin – immer wieder Bahn gebrochen hat. Egal, wie verschüttet es war, egal, wie sehr ich es vernachlässigt habe. Immer wieder kam da ein: Schreib! War da ein Wissen davon, dass es das ist, was ich in dieser Welt zu geben habe. Doch es geht mir nicht nur um die Heilung nach außen, denn ich merke, die eigene Medizin, sie hat unglaublich viel auch mit der Heilung nach innen zu tun. Schreibe ich, kommt etwas in mir zur Ruhe, entspannt sich etwas in mir. Weil ich weiß, dass ich hier richtig bin. Weil ich spüre, dass das mein Platz und mein Wirken sind in dieser Welt. Auf diese Weise verbindet sich meine eigene Heilung mit der der Welt.

Was für mich besonders wichtig ist zu erinnern: dass wir alle diese, unsere Medizin in uns tragen. Jede und jeder von uns. Dass es keine Ausnahmen gibt. Dass nicht nur ausgewählte, besondere, irgendwie bessere Menschen solch eine Medizin in sich tragen. Sondern wir alle. Eine Medizin, die unser Leben aufs Tiefste durchdringt. Die wir vielleicht schon leben. Vielleicht nach außen in der Welt, vielleicht im Stillen für uns. Vielleicht ahnen wir sie auch nur zart, vielleicht sind wir ihr schon ganz nah. Was ich erinnern möchte, ist: Wir brauchen nicht im Außen nach der Medizin (in all ihrer Vielfalt) zu suchen, die uns und die Welt heilen kann. Wir müssen nicht immer noch etwas hinzufügen – sondern vor allem etwas hinwegnehmen. Um wieder näher dranzukommen. An uns, unsere Wunden, unsere Herzensverletzungen – wie an unsere Kraft, unseren Platz in dieser Welt, unser Potenzial und an unsere Medizin. Denn sie ist hier, hier und jetzt, immer schon gewesen. Und sie wird bleiben, ob wir sie heute schon kennen und leben oder noch kaum ahnen. Wir alle tragen die Medizin in uns. Und wir alle können mit ihr heilen. Uns selbst, die Menschen um uns und die Welt.

EIN LIEBESBRIEF

Meine Liebe, mein Lieber, weißt du eigentlich, wie sehr ich dich liebe? Wie sehr ich mir wünsche, dass es dir gut geht? Weißt du eigentlich, wie wenig du dich für mich so schinden, wie wenig du schuften oder mir irgendetwas beweisen musst?

Weißt du, in dieser Woche habe ich oft an dich gedacht. Habe mich gefragt, wie es dir gerade geht, als du so mit hochgezogenen Schultern vor dem Computer saßt. Als deine Gedanken mal wieder um die ewig gleichen Themen kreisten. Als du dort, im Auto, in der Bahn, am Küchentisch, mit diesem glasigen Blick durch die Scheibe starrtest.

Weißt du, meine Liebe, mein Lieber, ich liebe dich. Und ich möchte dich unterstützen. Möchte für dich sorgen, dich begleiten, wo immer du bist. Dabei kann ich deine Hilfe brauchen. Es hilft mir, wenn auch du für dich da bist. Wenn du dich öfters fragst, wie es dir gerade geht. Wie du dich in deinem Körper spürst. Wenn du mal wieder tanzt. Raus gehst in die klare, frische Luft. Mal wieder einen Abend Zeit mit dir verbringst.

Weißt du, meine Liebe, mein Lieber, vielleicht ist dieses Leben anders gedacht. Liebevoller. Umgänglicher. Zärtlicher. Vielleicht darfst du dich erinnern, dass es da eine Liebe gibt. Die von dir zu deinem Leben und von deinem Leben zu dir. Würde das etwas ändern? Würde es deinen Blick weicher, die Gedanken sanfter machen (besonders dir selbst gegenüber), deine Schultern lösen? Würde es dir ein Stück des Vertrauens wiedergeben, das du auf dem Weg schon so oft verloren oder vermisst hast?

Was wäre, wenn das Leben tatsächlich für dich da wäre? Und nicht nur das. Wenn du wüsstest, dass auch ich an deiner Seite bin. Dass auch du dir selbst an deiner Seite sein kannst. Weißt du, mir scheint, es würde vieles ändern. Manches lockerer machen.

Anderes verständlicher. Vielleicht magst du mit mir reden, deine Gedanken mit mir auf einem Spaziergang teilen, auch das löst schon vieles. Und dir Zeit nehmen. Die Dinge auch mal gut sein lassen. Dich mitten hineinsetzen in alles Unperfekte, ich weiß, das fällt dir schwer.

Weißt du, meine Liebe, mein Lieber, das Leben ist nicht perfekt (zumindest nicht in dem Sinne, wie wir es gerne hätten – auf einer anderen Ebene ist es das sehr wohl). Soviel du auch rennst, sosehr du dich auch anstrengst, beeilst, soviel du auch tust. Und ich weiß, wie schwer das zu verstehen ist, wie schwer das anzunehmen ist, wo du dich doch so sehr bemühst, es anders zu haben. Doch was, wenn es leicht sein darf? Wenn du dich mitten in dein Leben, wie es jetzt ist, hinein entspannen darfst. Wenn Wandlung genau durch diese Entspannung möglich wird, vielleicht fast wie von selbst geschieht. Was wäre dadurch anders? Was würde möglich? Wollen wir es wagen, es versuchen, genau heute? Du und ich. Und das Leben. Das hochheilige, ewige, endliche, alltäglich-banale, liebende Leben.

WILL-KOMMEN IM KREIS

DIE KRAFT DES KREISES

Ich erinnere mich gut an mein erstes Mal. In einem Singkreis, in dem wir Herzens- und Kraftlieder aus der ganzen Welt gesungen haben. Dort erlebte ich sie zum ersten Mal wieder, die Kraft des Kreises. Natürlich, ich hatte auch vorher schon Seminare, Ausbildungen und andere Gruppen besucht. Doch hier begegnete sie mir so deutlich, so nährend und wertschätzend, dass etwas in mir erinnert wurde. Erinnert an diese Kraft des Kreises, in dem ich Platz nehmen darf. Wo wir einander in die Augen schauen, mit dem Herzen zuhören und über das sprechen, was uns wichtig und wesentlich ist. Erinnert an diese Kraft, die entsteht, wenn jede und jeder von uns sich wirklich gesehen fühlt. Wenn alles, was sich in diesem Gesehensein zeigt, sein darf und Raum hat.

Ich erlebe diese Kreiskraft als unendlich stärkend, wohltuend und heilsam. Es ist, als würde durch die äußere Form, die alles umfasst, auch etwas in mir in eine neue Ordnung finden. Als würde diese heilige Mitte, das Feuer – ob echtes Feuer, Blume oder Kerze, um die wir uns versammeln – eine Heilung in mir in Gang setzen. Vielleicht ist es ein Erinnern. An Zeiten, in denen es noch selbstverständlich war, an diesen Feuern zusammenzukommen, unsere Lebenslandkarten miteinander zu teilen, zu erzählen, zu singen, zu musizieren, zu lauschen.

Inzwischen hat sie sich durch mein gesamtes Leben gewoben, die Kraft des Kreises. Hier, in meinem Raum für Einzelsitzungen und Seminare, findet inzwischen das gesamte gemeinsame Arbeiten im Kreis auf einem runden Teppich wie auch alternativ an einem runden Tisch statt. In der Stimm-Ritual-Gruppe, von der ich Teil bin, singen wir im Kreis, bei den Jahreskreisfesten kommen wir am Feuer auf einer Waldlichtung im Kreis zusammen, bei den Onlinekreisen treffe ich mich mit

Frauen, die im gesamten deutschsprachigen Raum verteilt leben. Es sind Feuer- und Heimatorte geworden, die sich durch
mein Leben ziehen. An denen ich – mal regelmäßig, mal spora-
disch – teilnehme. Wo ich meinen Platz einnehme, etwas von
mir teile, in den Kreis gebe und etwas vom Kreis wieder mit
heimtrage, um es in meine Lebenslandkarte einzuweben.

Es sind immer andere und zugleich vertraute Kreise. Kreise,
die mein Leben nähren, meiner Seele Heimat, mir einen Rhyth-
mus und Platz geben. Kreise, die ich in meinem Leben finden
und mir selbst erschaffen darf. Wie hier in meinem Raum, mit
dem runden Teppich mit Kerze, Klangspiel und Redestein in
der Mitte.

Ein Ort, an dem ich auch den Tag durch, unabhängig von Seminaren und Einzelsitzungen, die dort stattfinden, immer wieder Platz nehme. Wo ich Botschaften empfange, ein Großteil
meiner Arbeit entsteht, wo sich die Lieder für nächste Seminare
finden, wo ich mich finde. Ich bin sicher: Im Leben von jeder
und jedem von uns gibt es solche Kreise. Kreise, die wir finden, an denen wir teilnehmen oder die wir selbst erschaffen. Es
lohnt sich, selbst einmal in diese Kraft des Kreises einzutreten.
Zu spüren, ob sie wieder Teil des eigenen Lebens werden will.
Vielleicht zeigt sich eine Quelle der Kraft in ihr.

WEIL DU EIN SEGEN BIST

Du musst dich nicht länger anstrengen,
musst nicht länger kämpfen –
weil du ein Segen bist.

Du musst nicht länger versuchen, eine zu sein,
die dir nicht entspricht –
weil du schon so willkommen bist.

Du bist willkommen in unserem Kreis,
nimm deinen Platz wieder ein –
weil du hier richtig bist.

Wir sind neugierig auf deine Melodie,
auf dein ureigenes Lied,
das den Weg zu dir zurückfinden will.

Erinnere dich: Du bist vollkommen, schon jetzt.
Und wir brauchen dich als die, die du bist.

Weil du dazugehörst. Weil du Teil bist.
Von uns als Menschen, mit deinem Beitrag,
deinem Sosein.

Bring dich wieder ein, komm wieder herein,
schenke uns dich. Weil du wichtig bist, weil du
wertvoll bist. Weil du ein Segen bist.

Willkommen im Kreis.

DANKE, DASS DU DA BIST

Ich erinnere mich an einen Moment, in dem ich einer befreundeten Liedermacherin schrieb, wie wertvoll ich ihre Arbeit und ihr Dasein finde. Sie schrieb einen ähnlichen Dank an mich zurück – und wir beide stellten fest, dass wir oftmals vergessen, uns mitzuteilen, wie wertvoll wir füreinander sind.

Vielleicht bekommst auch du jeden Tag viele Newsletter mit Texten, die hilfreich für dich sind. Vielleicht begegnen dir im Geschäft, auf der Straße, Menschen, deren Worte und Dasein dich erfreuen, inspirieren und hilfreich für dich sind. Vielleicht erlebst du Gesten, Zuneigung, Gespräche und anderes im Familien- und Freundeskreis, die dich nähren und stärken.

In solchen Momenten zu sagen oder zu schreiben: *Danke, das ist wertvoll für mich. Du bist mir wichtig. Was du gesagt hast, verändert etwas in mir. Ich danke dir, dass du da bist. Ich genieße die Zeit mit dir* – ist unglaublich wertvoll.

Ich kenne es selbst am Beispiel des Newsletters: Mit Freude schreibe ich jeden Newsletter und doch kommt oft wenig Rückmeldung. Inzwischen weiß ich, dass dies nichts Negatives bedeutet, weil mir dann wiederum viele Menschen in Seminaren oder dem persönlichen Gespräch erzählen, dass gerade dieser oder jener Newsletter von mir so viel in ihnen bewegt hat. Was ich mag, ist, zu erinnern: dass wir genau das in dem Moment, wo wir es erleben, einander rückmelden. Wie vielen Menschen wäre es möglich, an sich zu glauben, an ihr Projekt, sich als wertvoll zu erfahren, wenn wir einander solch eine Form der Rückendeckung, Wertschätzung und Unterstützung schenken würden? Es braucht nicht viel, meist nur ein Wort, ein Lächeln, vielleicht eine E-Mail, einen kleinen Brief. All das verändert. Uns selbst, die Menschen um uns und die Welt.

Wer ist es, dem du heute danken kannst?

FÜR EIN NEUES WIR

ZUSAMMENSTEHEN ALS FRAU UND MANN

Als wir jenes Lied anstimmten, war sie auf einmal wieder da. Die Erinnerung daran, wofür ich hergekommen bin. Ich hörte die Zeilen, lauschte den Männern, wie sie sangen, und fühlte mich eingebunden. Ich erinnerte mich an die Zeit, als ich mit einem Partner jenes Lied gesungen hatte – miteinander und füreinander –, und spürte das tiefe Geborgensein von damals.

Noch tiefer schien sich aber jede Zelle meines Körpers zu erinnern, an eine Zeit, in der Männer für Frauen gesungen haben und Frauen für Männer. In der Männer den Raum gehalten haben für die Bewegung und die das Leben gebärenden Frauen. Ich sah mich sitzend und tanzend mitten in einem Kreis von Männern, die sangen und Schutz gaben und da waren.

Und ich erinnerte mich an diese Vision, die ich für mein Leben, meine Partnerschaft und das Frau- und Mannsein in mir trage: Seite an Seite zu stehen miteinander. Für jenes Neue zu gehen. Achtsam, wertschätzend, miteinander. Uns erinnernd, dass es eine Zeit gab, wo Frauen und Männer einander heilig waren. Wo das Weibliche wie das Männliche heilig waren. Dazu beizutragen, dass sie es wieder werden und sind.

Für mich beginnt dies hier, und nicht nur zwischen Mann und Frau. Sondern auch zwischen Frau und Frau. Und zwischen Mann und Mann. Beginnen wir, einander als heilig wertzuschätzen und zu sehen – ja, auch und zuerst uns selbst –, kann etwas in uns und im Miteinander heilen und wir gemeinsam und jede und jeder für sich, neue, heilsame, wertschätzende und achtsame, wertvolle Wege beschreiten und gehen. Das wünsche ich dir und mir, das wünsche ich uns von Herzen.

DIE SCHÖNERE WELT,
DIE UNSER HERZ KENNT, IST MÖGLICH

Es ist gar nicht immer so leicht, mitten im Alltag die Verbundenheit zu spüren, nach der wir uns so oft sehnen. Menschen um uns zu erleben, die ebenfalls neue Wege gehen, eine Vision, einen Ruf in ihrem Herzen tragen und gemeinsam an einer neuen Welt weben.

Ein Abend, an dem ich gleich 400 solcher Menschen getroffen habe, war 2016 in Zürich. Die Villa Unspunnen, ein spirituelles Seminarzentrum in der Schweiz, hatte eingeladen zu einem Vortrag mit Charles Eisenstein, Philosoph und Autor, dessen Buch „Die schönere Welt, die unser Herz kennt, ist möglich" (vgl. Eisenstein, 2013) zugleich Pate gestanden hat für den Titel des Abends.

Es waren vor allem seine vielen Geschichten, die mich immer wieder berührt haben. Und die Art, wie er unsere gewohnte Sichtweise auf die Dinge, wie sie sind oder zu sein haben, bewusst zu brechen vermochte. So räumte er gleich zu Beginn mit dem Vorurteil auf, dass es für große Veränderungen in der Welt immer auch große Schritte brauche. Vielmehr sagte er: Jede Veränderung, die irgendwo geschieht, erlaubt, dass genau diese Veränderung auch an anderer Stelle geschieht. Wie ein Stein, der ins Wasser geworfen sich ausbreitende Kreise bildet –, egal, ob es sich um ein Engagement auf politischer oder wirtschaftlicher Ebene handelt, um ein Lächeln, ein gutes Wort oder die Pflege eines anderen Menschen.

Dass uns unser eigenes Engagement oft viel zu klein und unwirksam vorkomme, hat für ihn auch viel mit den Geschichten zu tun, die wir uns jeden Tag erzählen. Davon, dass die kleinen Schritte, die wir jeden Tag tun, der Mutter, dem Opa, um die und den wir uns vielleicht kümmern, zu keiner wirklichen, großen Veränderung der Welt führen würden. Dass wir uns doch lieber um die großen Probleme, den Klimawandel, das Finanzsystem, die Regenwälder, um all das kümmern sollten. Dabei seien wir selbst es, die entschieden, ob wir diese alte Geschichte weiterleben oder damit beginnen wollten, neue Geschichten zu erzählen und zu leben. Er fragte: *What do we worry about?* Wovor fürchten wir uns eigentlich?

Und erzählte die Geschichte von einem Mann aus dem Westen, der eine Gruppe afrikanischer Kinder zu einem Wettbewerb aufforderte. Wer der Schnellste sei, sollte einen Strunk Bananen bekommen. Doch als der Wettbewerb begann, nahmen alle Kinder die Bananen zusammen in die Hand und trugen sie zu jenem Mann. Dieser fragte den eigentlich flinksten Jungen: *Warum hast du die Bananen nicht für dich alleine behalten? Du hättest doch gewinnen können!* Der Junge sagte: *Ubuntu! Wie kann ich glücklich sein, wenn meine Freunde es nicht sind.* Es sind diese Geschichten, die sich durch den Abend ziehen und die so eindrücklich erleben lassen, wie sehr wir alle von den Geschichten geprägt sind, in denen wir aufgewachsen sind und in denen wir leben.

Dann sprach Charles Eisenstein vom *Interbeing*, davon, dass alles – und wir alle – miteinander zusammenhängt, verbunden ist. Dass alles, was ich gebe, zu mir zurückkommt. Dass alles, was ich tue, eine Wirkung hat. Er sprach von der kreativen Kraft, Dinge in die Welt zu sprechen. Von Synchronizitäten, Fügungen, davon, im Fluss zu sein. Und davon, dass wir einander immer wieder daran erinnern sollten, dass wir nicht etwa verrückt seien, weil wir spürten, dass das Alte für uns nicht mehr funktioniere. Dass wir nicht verrückt seien, weil wir uns alleine fühlten, nicht mehr gesellschaftsfähig. Sondern dass wir uns immer wieder bewusst machen dürften, dass da schon heute ein ganzes Feld weiterer Menschen sei, die das Gleiche spürten wie wir selbst. Dass wir uns gegenseitig daran erinnern dürften. Es spüren. Wieder und wieder.

Und dass immer dann, wenn etwas in uns oder im Außen zusammenbräche, auch die Matrix der Geschichten, die wir uns erzählten – beispielsweise darüber, wie wir, unser Leben, unsere Arbeit oder die Gesellschaft zu funktionieren haben – zusammenbrechen würde. Dass dadurch Raum geschaffen würde für das Neue, das heute noch weit weg, ja fast unmöglich erscheine – und das dadurch plötzlich möglich werde.

Am Ende des Abends waren wir alle im Publikum aufgerufen, mit einem Wort die schönere Welt, die unser Herz kennt, zu charakterisieren. Es waren Gänsehautminuten, während nach und nach immer wieder eine Person aus dem Publikum aufstand und ein Wort nannte. Wir. Achtsamkeit. Mut. Herzensweg. Miteinander. Kraft. Wie ein Wortteppich, der entstand, und der uns ganz deutlich erfahren ließ, wie wichtig jeder einzelne Faden darin ist. Und wie es sich anfühlt, wenn sich jene einzelnen Fäden zu etwas Größerem verweben.

SAMEN SÄEN

Am Sonntagnachmittag in einem Zug, irgendwo kurz vor Radolfzell am Bodensee:

Menschen, die aus den Fenstern schauen, vor sich hinstarren, müde, mit leerem Blick, jeder für sich. Dann ein Knacken in den Lautsprechern, die Stimme des Lokführers: „Liebe Fahrgäste, in Kürze erreichen wir absolut pünktlich den Bahnhof Radolfzell. Es werden alle vorgesehenen Anschlüsse erreicht. Damit darf ich mich als Ihr Lokführer von Ihnen verabschieden und wünsche Ihnen noch einen wunderbaren, sonnigen Nachmittag. Bleiben Sie gesund, genießen Sie das Leben, passen Sie gut auf sich und Ihre Liebsten auf und lassen Sie sich nicht ärgern, das ist das Wichtigste. Und vergessen Sie nicht hin und wieder zu lächeln."

Und plötzlich ist die Atmosphäre im Zug eine andere. Blicke begegnen sich, hier und da huscht ein Lächeln los, breitet sich aus zu einem Grinsen, wird zu einem lauten, freudigen Lachen. Noch nach dem Ausstieg stellen sich zuvor unbekannte Fahrgäste auf einmal zusammen, helfen einander aus mit einem Handy, mit Hinweisen zur Weiterfahrt, sind im Gespräch miteinander, lächeln.

Was solch ein kleiner Same verändern kann.

FÜHLEN, WAS GEFÜHLT SEIN WILL

FÜHLEN, WAS GEFÜHLT SEIN WILL

Im Widerstand sein, das kann ich gut. Im Widerstand mit dem Leben und mit dem, was ist. Weil ich es anders haben will. Weil ich doch andere Pläne mit mir und für das Leben hatte. Nur, dass das Leben da oftmals nicht mitspielt.

Über die Jahre habe ich gelernt, was eigentlich hinter dem Widerstand steht: eine große Angst. Die Angst zu fühlen, was jetzt gefühlt sein will: Traurigkeit. Angst. Scham. Einsamkeit. Ratlosigkeit. Leere. Ohnmacht. Wut. All jene Gefühle, denen ich nicht begegne, solange ich mit dem Finger auf die anderen zeige („Die (oder das Leben) sind schuld!") – und im Widerstand stecke. Dabei – das habe ich über die Jahre, oftmals recht schmerzhaft, erfahren – bringt mich der Widerstand keinen Schritt weiter. Solange ich im Widerstand bin, kann sich nichts bewegen. Weder in mir noch in meinem Leben. Bin ich bereit, innezuhalten und zu fühlen, was hinter meinem Meckern, dem Grübeln, Aufregen und meiner Abwehr gefühlt sein will, kann der Fluss – und ich mit ihm – wieder fließen.

Eigentlich ist es ganz einfach. Zugleich weiß ich, wie schwer es sein kann. Weil die Angst so groß ist. Weil die wenigsten von uns gelernt haben, dass sie vor ihren Gefühlen keine Angst zu haben brauchen. Dass ihre Gefühle da sein dürfen und natürlicher Teil von uns als Menschen sind.

So lade ich dich heute ein, wenn du spürst, dass du in der Abwehr, im Meckern, im Widerstand bist, innezuhalten und dich zu fragen: Was fühle ich eigentlich gerade? Welches Gefühl ist da? Mit deiner Wahrnehmung ins Herz, in den Körper zu gehen, und einfach nur wahrzunehmen. Vielleicht spürst du erst einmal nichts, vielleicht nimmst du direkt ein Gefühl wahr. Erlaube dir, mit ihm zu sein. Nimm wahr, wo du es in deinem Körper fühlen kannst, und wisse, dass dein bloßes *es Wahrnehmen* dazu führt, dass es sich wandelt. Kein Gefühl bleibt länger als 90 Sekunden, wenn wir präsent mit ihm sind – wie mit einem weinenden Baby, das wir im Arm halten und mit dem wir sind, bis es sich beruhigt hat. Du kannst es ausprobieren und während des Fühlens auf die Uhr schauen.

Das heißt nicht, dass das Gefühl danach für immer weg ist. Es zeigt jedoch sehr wohl, dass ein Gefühl wie Angst oder Wut kein Dauerzustand ist. Dazu wird es erst, wenn wir immer wieder über es nachdenken. Es uns über das Denken wieder und wieder zurückholen. Fühlen wir, kommt es, bleibt eine Weile, wird spürbar für uns in unserem Körper und vergeht wieder. So einfach. So schlicht. So klar. Erlauben wir uns, wieder zu fühlen, ist dies einer der direktesten Wege, der uns zu uns selbst, in unsere Kraft, Lebendigkeit und in ein Sein mit dem, was jetzt ist, führt.

UNS FÜR DAS LEBEN ÖFFNEN

Ich glaube das Wertvollste, das wir im Leben tun können, ist, uns immer wieder für das Leben zu öffnen.

Egal, wie oft unser Herz verletzt wurde,
egal, wie viele Enttäuschungen wir erfahren,
wie sehr etwas, von dem wir dachten,
es bliebe für immer,
weggebrochen ist.

Immer wieder – so schwer es uns vielleicht auch fällt
und so sehr wir uns vielleicht auch verkriechen möchten –
aufzustehen, die Türe zu öffnen und zu schauen,
was draußen auf uns wartet.
Auf uns selbst zuzugehen,
auf die Menschen, die mit uns hier sind,
auf das Leben selbst. Es an uns ranzulassen,
es zu wagen, wieder zu fühlen und
das Leben wirklich zu erfahren.

Und uns daran zu erinnern,
dass wir nicht alleine sind auf diesem Weg,
in diesem Leben, in diesem Menschsein.

VERTRAUEN FÜR DIESEN NEUEN TAG

Ein schützendes Dach breite sich über dir aus,
ein wärmender Wind halte dich sanft in seinen Armen.
Die Erde unter deinen Füßen liebkose dich
und schenke dir das Vertrauen, das du brauchst
für diesen neuen Tag.

WENN NICHTS MEHR WEITER-GEHT

DAS HERZ

Das Leben bietet dir jeden Tag
unzählige Möglichkeiten,
dein Herz aus Angst zu verschließen.

Du kannst ihnen folgen,
dich dicht und klein und eng machen.
Oder du kannst wahrnehmen, dass du Angst hast,
unglaubliche Angst hast.

Du kannst dich dir selbst zuwenden und dem Leben.
Dich an deine Seite setzen und entscheiden,
ob du dem Nein, dem Widerstand und der Angst folgen
oder ein tiefes Ja mitten in dein Leben hineinlegen willst.

VERTRAUEN IM HERZEN

In unser aller Leben passieren immer wieder Dinge, bei denen wir keine Ahnung haben, wie wir jemals damit weitermachen sollen. Wir wissen nicht, was kommt. Wir wissen auf einmal kaum mehr, was war.

War es wirklich so, wie ich dachte? Habe ich mich getäuscht? Wem und was kann ich noch trauen? Wir zweifeln an uns. Wir zweifeln am Leben. Wir stellen alles in Frage, was war. Bis zu dem Moment, wo etwas in uns zur Ruhe kommt. Wo wir fühlen, wissen, dass alles ist.

Dass wir Teil sind von diesem großen Ganzen, das wir oft nicht verstehen, noch so haben wollen, wie es ist. Das wir dennoch lieben, anerkennen, anerkennen und lieben lernen können, und so den Widerstand aufgeben gegen das, was ist.

Glaub mir, ich weiß, wie es ist, im Widerstand zu stecken. Anstrengend, herausfordernd und bequem. Und glaube mir, ich habe einige Male – einige wenige Male – mein Herz vor lauter Schmerz so weit aufgerissen, weil ich so am Boden lag, dass es keine falsche Sicherheit mehr gab, der ich hinterhertrauern brauchte, dass ich in diesen wenigen Malen erfahren habe, wie lebendig, ganz und tief von Liebe durchdrungen, sich Leben anfühlt, wenn ich zulasse, dass es mich in seiner Gänze durchdringt und Besitz von mir erfasst.

IM HERZEN ZUR RUHE KOMMEN

In der Stille dieser Tage
kommt mein Herz zur Ruhe.
Ordnet sich, was noch offen war.
In der Stille dieser Tage
mag ich wieder lauschen,
kann ich wieder hören,
vielleicht zum ersten Mal seit Langem vernehmen,
was mir wirklich, wirklich wichtig ist.

In der Stille dieser Tage
komme ich zurück zu mir,
finde mich wieder in meinem Leben
und bin für einen Moment
einfach hier.

DIE BALANCE ZWISCHEN INNEN UND AUSSEN

Es war die Woche vor dem Eintreffen des Printmagazins *Verbundensein*, das ich im Selbstverlag herausgegeben habe. Es gab Schwierigkeiten mit der Druckerei, die Fotografin, die die Fotos für die Magazin-Website gemacht hatte, kam nicht mehr an die Fotos ran (ihr Computer war kaputtgegangen) – und als ich mit meiner Grafikerin sprach und ihr davon erzählte, nannte sie ein Wort, das mich aufhorchen ließ: Geburtswehen.

In diesem Moment erinnerte ich mich wieder: Das gesamte Magazin war in Kreisen, in Prozessen, in einem Mitgehen mit dem, was ist, entstanden. Zuletzt, jetzt, hier, bei den auftauchenden Problemen, versuchte ich jedoch, mit dem Kopf durch die Wand zu gehen. Ich meinte, all die Probleme selbst lösen zu müssen und zu können, obwohl sie nicht in meiner Hand lagen.

An jenem Nachmittag setzte ich mich – statt im Außen weiterhin krampfhaft zu versuchen, irgendetwas zu tun (was sich gerade im Außen eh nicht tun ließ) – in den Kreis in meinem Seminarraum, beklebte Umschläge für den Magazinversand mit Adressaufklebern und versah sie mit einem „Schön, dass du da bist"-Stempel. Dazu sang ich. Das Geburtslied *Yani Yoni Ya Hu Wey Hey* – eigentlich für menschliche Geburten gedacht, schien es mir jedoch, dass es nicht schaden könnte, es auch für Projekte zu singen, die in die Welt gebracht werden wollen und bei denen die Geburtswehen einsetzen.

Zwei Stunden später war ich absolut ruhig. Und staunte am nächsten Morgen nicht schlecht, als ich mein E-Mail-Postfach öffnete: Die Fotografin hatte die Fotos geschickt, ihr Computer lief wieder. Die Druckerei schrieb, dass das Magazin wie geplant am kommenden Montag eintreffen würde – die Probleme, die wir zuvor gehabt hatten, waren verschwunden. Alles hatte sich gelöst und geklärt, war in neue Bahnen gelenkt worden, ohne dass ich aktiv etwas im Außen getan hätte. Dafür hatte ich viel im Innen getan – war zur Ruhe gekommen, innerlich zurückgetreten, hatte gesungen und mich innerlich neu ausgerichtet.

So herausfordernd jene Woche war, sie erinnert mich bis heute an etwas sehr Wesentliches: Nicht immer gibt es im Außen etwas zu tun. Nicht immer liegt hier die Lösung. Ja, vielleicht liegt die Lösung sogar meist zunächst in mir selbst. Und gerade in Zeiten, in denen ich im Außen nichts tun kann, heißt dies nicht, dass ich wirklich nichts tun kann. Vielmehr erinnert es mich daran, dass es vielleicht genau jetzt Zeit ist, nach innen zu gehen und von hier die Welt da draußen in die Bahnen zu wandeln, in denen sie heilsam weitergehen will und kann. Einen Versuch ist es in jedem Fall wert. Vielleicht begleitet dich ein Lied dabei.

ERDE, DIE DICH TRÄGT

Wenn die Sonne tief steht und die Wellen der Veränderung über dich rollen,
wünsche ich dir den Segen, der an deiner Seite ist.

Wenn die Fragen und Zweifel größer als das Vertrauen werden,
wünsche ich dir den Mut weiterzugehen.

Wenn alles scheinbar zusammenbricht,
mögest du dich erinnern an die Erde,
die jeden deiner Schritte trägt, die dich trägt,
und an den Himmel,
der weit über dir seine Flügel aufspannt.

VERTRAUEN
FINDEN
IN
DIR

WEIL DU WICHTIG BIST

Bei Menschen, die nach außen hin sichtbar sind (mit ihrer Arbeit, einer Website, einem Video-Kanal, mit Seminaren …), haben wir oft das Gefühl, dass bei ihnen immer alles rundläuft. Sie zweifeln nie, haben keine großen Fragen, sie fühlen sich immer gut, Herausforderungen gibt es kaum mehr oder wenn, fühlen sie sich ihnen jederzeit gewachsen. Es scheint, als ginge es nur uns selbst so, dass wir nicht immer alles auf die Reihe bekommen.

Ich darf dir sagen: Mir geht es genauso. Ja, ich kann mit vielen Fragen und Herausforderungen des Weges und Lebens inzwischen besser umgehen. Ja, ich weiß, was mein Beitrag in dieser Welt ist und wofür ich gehe. Und ja, auch bei mir gibt es Tage, wo ich nicht weiterweiß. Wo ich mit dem Rücken zur Wand und mit großen Fragen im Raum stehe. Ein Punkt, mit dem ich immer wieder hadere, ist die Größe meines Weges. Zu wissen: Ich kann nicht zurück. Ich muss diesen Weg gehen. Weil alles andere mir nicht entspricht. Nicht mehr stimmig ist. Noch nie gestimmt hat.

Manchmal gibt es Tage, da möchte ich einfach nur normal sein. Mich vor den Fernseher setzen können, irgendeine Arbeit tun, ein Haus kaufen, Freunde treffen, ein paar Hobbys haben – und glücklich damit sein. Manchmal, da fordert dieser Weg so viel Kraft, fordert er so viel von mir und mich sehr heraus. Er fordert jede Sicherheit und jedes Mich-selbst-klein-Machen. Er fordert Komfortzonen, alte Glaubenssätze, überholte Ängste und Dinge, an denen ich festhalte, obwohl ich ihnen längst entwachsen bin. Er fordert mich auf, dass ich mir anschaue, was mich hindert. Dass ich mir ebenso die Größe anschaue, die ich bin. Dass ich das Licht sehe, anerkenne und lebe, das in mir ist. Manchmal bin ich davon müde. Dann möchte, dann kann ich nicht weiter. Ich verschanze mich im Widerstand oder in meinem Bett. Ich habe keine Ahnung, was ich als Nächstes tun soll, und die Herausforderung, die mir gerade im Leben begegnet, ist vielleicht größer als alles, womit ich bislang zu tun hatte. Zugleich schaue ich in dieser Zeit bewusst, was mir guttut: Ich spreche mit Menschen, die wie ich auf dem Weg sind. Schaue mir Filme an, lese Bücher, höre Lieder, besuche Orte, die mir guttun. Ich finde Wege, die mir zurück in meine Spur verhelfen. Meist finde ich sie auch. Manchmal bleibe ich in dieser Spur dann für einige Tage, Wochen, Monate. Manchmal falle ich schon nach wenigen Minuten wieder heraus.

Doch ich weiß, ich werde wieder in sie zurückkehren. Weil ich nicht anders kann. Weil ich gelernt habe, wie ich den Lebensfaden wieder aufnehmen kann, der mich zu mir nach Hause führt. Zugleich möchte ich dich und mich ermutigen zu etwas, was wir alle viel zu selten tun: anzuerkennen, welchen Wert, welche Größe und welchen Mut es hat, dass wir hier unterwegs sind. Dass wir unseren Weg gehen. Dass wir beitragen zu einer Welt, in der wir von Herzen gerne leben wollen. Dass wir gehen. Und wenn es nur der nächste, letztendlich der entscheidende, Schritt ist, den wir jetzt setzen.

Anzuerkennen, dass das Wertvollste, was wir in diesem gefühlt oft chaotischen, unstrukturierten neuen Gefüge unseres Lebens und der Welt tun können, ist, hier zu stehen. Zu stehen. Sichtbar zu sein. Den nächsten Schritt zu gehen. Nur diesen nächsten Schritt. Und uns selbst zu danken. Uns wertzuschätzen. Die Leistung anzuerkennen, die wir da gerade vollbringen. Einen neuen Pfad neben der gewohnten Alltags-Autobahn entstehen zu lassen und zu gehen.

Erinnern wir uns daran, dass wir gemeinsam unterwegs sind. Dass wir schon viele sind. Unterwegs auf der Spur unseres Herzens. Ich danke dir, dass du mit mir hier stehst. Ich danke dir, dass du gehst. Ich sehe dich mit deinen Ängsten und deinem Mut. Mit deinen Tränen und der Freude deines Herzens. Ich umarme dich.

MÖGE DEIN WEG

Möge dein Weg frei
von Steinen sein
und mögest du,
wenn dem nicht so ist,
stets alles zur Hand haben,
was du brauchst,
um vertrauensvoll weiterzugehen.

Mögen stets die ·
Menschen an deiner Seite sein,
die dich mit Klarheit und Verständnis
unterstützen und begleiten auf deinem Weg.

Mögest du dich stets
erinnern, wer du bist,
warum du geboren bist
und was du zu geben hast –
in dieser Welt, in diesem Leben.

WIR WERDEN (NICHT) MIT MUT GEBOREN

Wir werden nicht (unbedingt) mit Mut geboren. Immer wieder ist es das Leben, das uns herausfordert, unsere Komfortzone zu verlassen und über uns selbst hinauszuwachsen.

Ich bin eine, die ihren Weg geht und sicherlich sehr mutig dabei aussieht. Das bin ich auch immer wieder. Zugleich gibt es Momente, wo ich einfach Angst habe. Wo ich den nächsten Schritt nicht setzen will. Wo die Ungewissheit vor dem, was kommen wird, mich lähmt. Wo die Angst vor dem Wegbrechenden mir den Atem raubt.

Ich habe gelernt, dass es einen Punkt gibt, an dem ich einfach aufstehen muss. An dem ich aufstehe und gehe. Mit der Angst, der Panik, dem Schmerz. An dem ich zum Leben sage: Hier bin ich wieder! Was machen wir jetzt?

Der Punkt, an dem ich den nächsten Schritt setze, durch den ich über mich hinauswachse und mich an dem Punkt in meinem Leben wiederfinde, an dem ich jetzt richtig bin.

Ich wünsche dir von Herzen den Mut an der Seite, der es dir möglich macht, jetzt den Schritt zu setzen, der für dich ansteht. Und wenn kein Mut da ist, die Gewissheit, dass du auch mit Angst gehen kannst – und an einer neuen, ungewohnten Stelle deines Lebens wieder herauskommen wirst. Vielleicht wird es besser als zuvor.

MEINE STIMME ERHEBEN

Bevor ich mit dem Heilsamen Singen begonnen habe, hatte ich ausschließlich Kreative Schreibwerkstätten geleitet. Die Teilnehmerinnen und Teilnehmer saßen über ihrem Papier, ich über meinem. Wir schrieben in Stille, so weit, so gut. Dann kam das Singen. Was ich nicht bedacht hatte: Hier ging es darum, wirklich sichtbar zu sein. Meine Stimme zu erheben und erklingen zu lassen. Das war etwas ganz anderes, als still oder nur mit dem gesprochenen Wort über Papier zu sitzen.

Denn im Singen hört mein Gegenüber, wie es mir geht. Fühle ich mich ängstlich und schwach? Mutig, kraftvoll und groß? All das ist in der Stimme hörbar. Mit der Zeit habe ich gemerkt, dass es jedoch eigentlich etwas ganz anderes ist, das mir am meisten Angst gemacht hat im Bezug auf meine Stimme: Dass ich sichtbar und hörbar mit ihr bin. Meinen Ton erklingen zu lassen, meine Stimme zu mir zurückzuholen – da steckt Power, Kraft drin. Auf einmal bin ich nicht mehr klein und unsichtbar, sondern groß und hörbar.

Wie geht es mir mit meiner Kraft? Erlaube ich mir, hör- und sichtbar zu sein? Was, wenn mich auf einmal alle gut hören und sehen können? Das waren ganz neue Fragen, die ich mir zu stellen begann. Ich merkte: Ich bin nicht alleine mit ihnen. Vielmehr sind wir es oftmals gewohnt, uns klein und schwach zu halten. Nicht bewusst, aber mit einer unbewussten Angst vor unserer eigenen Größe.

Was wird möglich, indem ich in meiner Kraft bin? Meine Größe lebe? Auf welche Weise will sich mein Leben dann wandeln? Umgekehrt weiß ich heute: Die Stimme, das Singen von Herzens- und Kraftliedern, das Tönen, ist ein direkter Weg zu mir selbst. Zeigt mir die Themen und Punkte auf, an denen ich noch hadere. Lässt mich zurückkommen zu mir, mich selbst in meinem Körper erfahren. Es bringt mich in den jetzigen Moment. Erlaubt mir, mich selbst zu spüren und zu hören.

Singe ich, kann es sein, dass dies ein Weg für mich wird, klar für mich einzustehen. Meine Stimme auch im übertragenen Sinne zu mir zurückzuholen. Meinen Ton erklingen zu lassen. Und zum Ausdruck zu bringen, was da in mir steckt. Wenn du magst, probiere es einmal aus. Erinnere dich: Hierbei geht es nicht darum, besonders schön, gerade, hoch oder irgendwas zu singen. Sondern vor allem darum, deinen Ton zu dir zurückzunehmen. Deine Stimme wieder erklingen zu lassen. Neugierig zu sein auf das, was du dabei entdeckst. Du kannst ein Lied singen, eine eigene Melodie kreieren, Töne entstehen lassen. Beginne jetzt. Mit dem, was gerade ist.

GETRAGEN

Die Spinne seilt sich ab
hängt in der Luft
unbeweglich
leicht
entspannt.
Kein Faden ist zu sehen,
nichts, was sie hält.
Und doch muss es jene
unsichtbaren Fäden geben,
die sie halten, umfangen, tragen.
Wo immer sie auch ist.

HEILSAME WORTE

DIE HEILKRAFT DER WORTE

Ich glaube an die Heilkraft der Worte. Daran, dass Worte Medizin sein können. Denn wie oft waren es die Worte – zusammen mit der Stille, aus der sie entstanden sind und in der sie gewirkt haben –, die mich getragen, aufgefangen und auf einer neuen Ebene wieder abgesetzt haben. Es sind Worte, die Wandlungskraft in sich tragen. Die mich wieder anbinden an meine Kraft. Die mich aufrichten, wenn ich strauchle, zweifle. Weil sie mich fühlen lassen, dass da ein Mensch ist, der ebenso empfunden hat. Ein Mensch, der seine Empfindungen in jenen Worten aufgeschrieben hat – und der mich die Verbindung zu ihm spüren lässt, wenn ich seine Worte lese.

Zugleich erlebe ich es wie ein Verbundensein mit etwas Größerem, vielleicht mit dem Gefühl des Menschseins an sich, das ich in solchen Momenten geteilt weiß mit einem anderen. Denn da ist ein Mensch, der auch Trauer, Schmerz und Einsamkeit kennt. Einer, der Freude erlebt hat, Begeisterung, einen Zustand des Einsseins mit allem. Der sie kennt, gespürt hat und in seinen Worten teilt, jene vielfältigen Facetten, die wir als Menschen täglich leben und erleben.

Ich glaube, Worte können Worte sein. Aneinandergereihte Buchstaben, die, wenn wir sie lange genug anschauen, vor unseren Augen verschwimmen und deren Sinn wir dann zu hinterfragen beginnen. Worte können unseren Geist anfüllen – oder leeren. Eckhart Tolle schreibt in seinem Buch „Stille spricht" sinngemäß, es sei ebenso wirksam – wenn nicht wirksamer – sein Buch einfach nur in Stille in den Händen zu halten, als es zu lesen (vgl. Tolle, 2003). Zugleich tragen seine Worte selbst eben jene Kraft der Stille in sich, die beim Lesen wirkt.

Sowieso – das sind die Texte, zu denen es mich am meisten hinzieht. Die, bei denen hinter den Worten noch etwas anderes spürbar ist, nicht greifbar mit dem Verstand. Eine besondere Schwingung, eine Atmosphäre, bei der ich merke, dass ich beginne, mich besser zu fühlen, emporgehoben, raus aus der Angst und zurück in die Freude, verbunden oder auch einfach nur in tiefer Stille geborgen.

In meiner Arbeit, in meinem Schreiben, bin ich von Haus aus gelernte Journalistin. Ich weiß, wie ich eine Reportage angehe, was ein Porträt spannend macht, wie ein Bericht aufgebaut sein sollte. Worüber ich damals in der Ausbildung jedoch nichts gelernt habe, ist die Heilkraft der Worte. Vielleicht, weil es ein Aspekt ist, der sich unserem Verstand entzieht. Der nicht unbedingt gemacht werden kann, sondern vielmehr einer inneren Haltung entspricht. Der aus einer Leere, einem Stillwerden hervorgeht und ganz nah dran ist, an unserem Herz und unserer Seele, an unserer Essenz.

Nutze ich in Seminaren und Einzelsitzungen das Schreiben als Zugang und Weg, geht es nicht um besonders schönen Ausdruck, Fantasie oder Wortgewandtheit. All das ist schön, wertvoll. Und doch. Das Schreiben vermag uns in erster Linie uns selbst wieder näherzubringen. Vermag uns einen neuen, vielleicht lang verschütteten Zugang zu uns selbst wieder zu eröffnen. Vermag selbst zu einem Weg der Heilung für uns zu werden. Und uns spüren zu lassen, welche Heilkraft besonders auch in den Worten steckt, die wir uns selber schreiben. Darin liegt zugleich eine Einladung: Es auszuprobieren, den Stift wieder in die Hand zu nehmen, ihn mitzunehmen auf einen Spaziergang oder aufs Sofa. Um zu schreiben, was von Herzen kommt, vielleicht ein paar lose Zeilen, vielleicht einen längeren Text. Vielleicht einen stärkenden Text für dich selbst.

In den Momenten, wo unsere Kraft gefühlt nicht zum Schreiben ausreicht, wo unsere Hand den Halt einer anderen Hand sucht, dürfen wir zugleich darauf vertrauen, dass wir in einem Buch eine Seite aufschlagen können, um vielleicht genau darin die Worte zu lesen, die unser Innerstes gerade bewegen, die auszudrücken uns aber nicht möglich war. Um uns so von diesen gelesenen Zeilen wieder zurück zu uns führen zu lassen. In die Stille und zu dem, was jetzt wichtig ist.

STRANDTAGNACHTGLÜCK

Und wenn die sanften Wellen
auf dem Sand aufschlagen
und glätten, was der Wind
vor ihnen hat zerzaust,
dann erfüllt eine gewisse Ordnung den Raum,
in dem alles seinen Platz hat.

Und wenn dann nachts
die Brandung gegen die Felsen kracht,
und du liegst,
ruhig und wach,
auf eben diesen,
versunken und lauschend –
über dir nichts als nackter Himmel
und in dir deine eigene Symphonie –
dann weißt du, du hast das Glück gefunden

– zumindest für den einen Augenblick.

DEIN ESSENZBUCH

Wie ist es mit dem, was dir an Wertvollem auf deinem Weg begegnet? Sammelst du es? Kultivierst du es? Wo findet es Raum? Es ist schon einige Jahre her, dass ich angefangen habe, meine Essenzbücher zu schreiben. Bücher, in denen ich das sammle, was mich bewegt, was ich an Erkenntnissen gewonnen habe, was mir von Herzen wichtig ist. Der Unterschied zum Tagebuch besteht für mich darin, dass es hier nicht primär darum geht, zu notieren, was ich erlebt habe, sondern vor allem darum, Essenzen herauszufiltern.

Was ist es, das ich von jenem Seminar als Essenz mitgenommen habe? Welche Essenz, welches Thema, konnte ich aus den Gefühlen, die mich den Tag über bewegt haben, herausschälen? Welche wichtige Erkenntnis war heute Morgen auf einmal da? Was hat mich an jenem Film, in jenem Buch, in jener Begegnung so berührt? Was war besonders wertvoll für mich?

Ich schreibe, male und klebe in meine Bücher. Schreibe Essenzen, Monats- und Zyklusrückblicke (von einem weiblichen Zyklus – mit Beginn der jeweiligen Blutung – zum nächsten). Klebe Worte, Bilder, Postkarten und Texte rein, die mir wichtig sind. Auf diese Weise werden jene Essenzbücher zu Konzentraten meiner jeweiligen Monate. Sie enthalten das, was mich auf meinem Weg in dieser Zeit bewegt hat, was mich herausgefordert, gefreut, geschmerzt, begeistert hat, woran ich gewachsen bin. Sie sind die Bücher, die ich immer wieder zur Hand nehme, wenn ich mich frage: Wie war das damals noch? Was war da wichtig für mich? Welche Erkenntnis habe ich gewonnen?

Und vor allem nehme ich sie dann zur Hand, wenn ich eine gehörige Portion Unterstützung auf meinem Weg gebrauchen kann. Dann schlage ich eines meiner Essenzbücher auf und erinnere mich – an jenes Buch, das mir so gutgetan hat, an die Essenz aus einer Ausbildung, an das Wissen von einem Tag. Ich sehe den Satz auf einer Karte, die ich – vielleicht vor zwei Jahren – eingeklebt habe und die mir heute erneut Ruhe und Klarheit schenkt. Die Essenzbücher sind wie Wegbegleiterinnen für mich, die jederzeit geduldig darauf warten, dass ich sie öffne, um in ihnen zu lesen, aus ihnen zu lernen, mich durch sie zu erinnern.

Das Aufschreiben hilft mir, das Wertvolle, Wunderbare in meinem Leben wirklich zu sehen und zu erinnern. Zu erkennen, welche Schritte ich schon gegangen bin. Mir bewusst zu machen, was ich schon alles geschafft habe. Mich auf diese Weise selbst zurück auf dem Weg in meine Kraft und zu meinem Mut zu begleiten.

Wie oft ich in den Essenzbüchern schreibe? Das ist unterschiedlich, meist jeden bis alle paar Tage. Manchmal nur einige Zeilen, dann wieder mehrere Seiten lang, besonders auf längeren Zugfahrten, die ich sehr für ein Reflektieren der Dinge, die mir aktuell begegnen und die mich bewegen, nutze. Schaffe ich es zeitlich nicht, Bilder, Sätze, Zitate und anderes sofort in meinem Essenzbuch zu verorten, sammle ich sie auf dem Hocker im Wohnzimmer und nehme mir, sobald möglich, eine Essenzbuch-Zeit, um das Gesammelte in Ruhe einzukleben und vielleicht noch etwas dazu zu notieren. Diese Zeiten sind kleine Auszeiten mitten im Alltag, die es mir erlauben, einige Zeit zur Ruhe zu kommen, innezuhalten, die Essenz der Momente zu erkennen, aufzuschreiben und klarer weiterzugehen.

Inzwischen habe ich sicherlich 20 bis 25 dieser Essenzbücher. Manche, die schon viele Jahre alt sind, lagern im Keller und werden nur hin und wieder von mir aufgeschlagen. Die Bücher der vergangenen zwei, drei Jahre habe ich hingegen im Schlafzimmer stehen. Sie fühlen sich an wie mein ganz persönlicher Schatz. Ein Schatz voller Weisheit, Stärkung und Authentizität. Der mich wieder mit mir verbindet und die Landkarten meines Lebens in sich trägt. Es macht Freude, in diesen Büchern zu blättern. Zu lesen, zu schmunzeln, mich von ihnen berühren zu lassen. Weil sie so im Kern von meinem Weg erzählen. Weil ich nach einem Jahr manchmal schon wieder vergessen habe, was mir mal so nahe war.

Wenn du selbst beginnen möchtest, ein Essenzbuch zu schreiben, schau vor dem Beginn: Was ist passend für dich? Was macht dir Freude und geht leicht für dich? In welchem Format möchtest du gerne schreiben? Auf welchem Papier? Blanko, liniert oder kariert? Was soll dein Essenzbuch enthalten (eine Tasche für Gesammeltes, einen Hardcoverumschlag, einen flexiblen Einband ...)? Wie soll es aussehen? Möchtest du feste Schreibzeiten nutzen oder dann schreiben, wenn dir eine Essenz begegnet und die Zeit passt (das kann sich auch im Laufe des Schreibens wandeln)? Was ist sonst wichtig für dich?

Meine Essenzbücher bekommt übrigens niemand außer mir zu sehen. Nur ganz selten lese ich mal einen Text daraus einem Freund, einer Freundin oder in einem Frauenkreis vor. Sie haben etwas Heiliges für mich. Sind so nah dran am Leben. So nah dran an meiner Essenz und an dem, was mir wesentlich und heilig ist. Manchmal ist ein Buch schon nach zwei Monaten voll, manchmal erst nach einem halben Jahr. Inzwischen habe ich viele verschiedene Formate ausprobiert und bin schließlich bei Filzbüchern in A5 hochkant geblieben. Sie sind wunderbar flexibel, dehnbar, auch noch, wenn ich Postkarten und anderes in sie hineinklebe.

In jedes Buch schreibe ich zu Beginn auf die erste Seite eine Ausrichtung: Was möchte ich in der Zeit, in der ich in diesem Buch schreibe, nähren? Was darf wachsen und gestärkt werden? Passend dazu kommt noch eine Postkarte oder ein Bild hinter das Gummiband, das das Buch umgibt. Es ist schön, mich auf diese Weise selbst auf meinem Weg zu begleiten. Mir selbst die wertvollsten Unterstützungs-Bücher für meinen Weg zu schreiben. Vielleicht magst du es ausprobieren. Mit deinem ganz eigenen Essenzbuch beginnen. Ich wünsche dir von Herzen viel Freude, ein gutes, kreatives Ausprobieren und ein wertvolles Dichselbst-Begleiten auf deinem ureigenen Weg für dich.

WUNDER AUF DEM WEG

WIE KANN ES GEHEN?

Es sind nur ein paar kleine Worte. Ein paar Worte, die anders sind: „Wie kann es gehen?" statt „Es geht nicht".

Ich erinnere mich gut an das Engelbild, das in einem kleinen Café in Konstanz am Bodensee in einer Ausstellung hing und mir so gut gefiel. Es war in einen weißen Holzrahmen eingefasst, darauf ein handgemalter Engel mit goldenem Körper, Flügeln und Füßen, Halskette, Ohrringen und einem Kleid aus alter Spitze. Es war, als würde ich diesen Engel schon lange kennen und als würde er hierhergehören, in die Räume meiner Seminare und meiner Arbeit.

Zwei Mal ging ich in jenes Café, sah mir immer wieder das Bild an und fragte irgendwann nach den Kontaktdaten der Künstlerin. 180 Euro sollte das Bild kosten – eine Summe, die ich damals nicht hatte. Zugleich war tief in mir dieses Gefühl von: Es wird einen Weg geben. Und ich fragte: Wie kann es gehen?

Tatsächlich war die Künstlerin gerade selbst auf der Suche nach ihrem Herzensweg und so begeistert von meinen Büchern, dass sie das Bild (obwohl es einen viel höheren Preis hatte) gegen je eines meiner damals bereits erschienenen Bücher mit Widmung tauschte. Sie sagte: „Für mich haben deine Bücher genau den gleichen Wert wie mein Bild. Sie sind das, was jetzt für mich wertvoll ist." So konnte ich den Engel mit nach Hause nehmen. Viele Jahre hängt er jetzt schon hier bei mir im Flur zum Seminarraum.

Dieses Erlebnis ist kein Einzelfall. Ob es um den Urlaub auf einem kleinen Hof auf der Nordseeinsel Spiekeroog geht, die Teilnahme an einer Fachtagung, an einem Seminar, das mir wichtig ist, oder auch den Aufenthalt in einem Meditationszentrum, in dem ich gerne eine Woche verbringen möchte. So oft standen in den vergangenen Jahren mal der Preis, dann wieder eine zu weite Anreise, ausgebuchte Seminare, falsche Termine oder irgendetwas anderes zwischen mir und dem, von dem ich wusste, dass es jetzt richtig und dran ist für mich und meinen Weg. Und immer, wenn ich fragte: *Wie kann es gehen?*, konnte ich zusehen, wie ein Weg entstand: Ein Seminarplatz wurde frei, ich konnte meine Arbeit als Austausch für eine Teilnahme anbieten, jemand nahm mich in seinem Auto mit, ich bekam etwas geschenkt und, und, und.

Indem ich *Es geht nicht* durch *Wie kann es gehen?* ersetze, erlaube ich, dass der Raum in und um mich sich weitet. Statt mich eng zu machen, mir mitzuteilen, dass ich verzichten muss, mache ich den Raum weit und öffne ihn für Möglichkeiten, die darauf warten, entdeckt und Teil meines Lebens zu werden.

Ich finde: Es lohnt ein Ausprobieren. Dann, wenn du spürst, dass es da etwas gibt, das dich unwiderstehlich anzieht. Wenn du spürst, dass dieses Etwas jetzt genau das Richtige ist, frage: *Wie kann es gehen?* Nicht nur ein Mal, sondern immer wieder. Lausche dabei auf Impulse und Antworten, die kommen: Sollst du jemandem schreiben? Irgendwo anfragen? Gibt es etwas für dich zu tun? Eine Person, die dich unterstützen kann? Einen Ort, den du aufsuchen kannst? Oder einfach eine Offenheit, in der es wertvoll ist zu leben?

Für mich geht es hier übrigens nicht um oberflächliche „Das hätte ich gerne"-Wünsche. Sondern um dieses Gefühl der inneren Stimmigkeit, das wir uns oft mit dem Kopf nicht erklären können. Von dem wir aber spüren, dass es jetzt wesentlich für uns ist und uns weiterbringt auf unserem Weg.

WENN DIE DINGE SICH FÜGEN

Es war ein Satz, der mich auf Seite 120 vollkommen unvermittelt traf. Während ich eigentlich nur etwas kreativer hatte werden wollen, stand ich auf einmal einem der wichtigsten Sätze für meinen weiteren Weg gegenüber. Es war das Buch „Der Weg des Künstlers" von Julia Cameron, das ich damals in den Händen hielt (vgl. Cameron, 2009). Sie, die in jenen Zeilen von Synchronizitäten schrieb, dem glücklichen Zusammentreffen von Ereignissen. Und sie, die mich in jenen Zeilen daran erinnerte, dass ich erst entscheiden musste, was ich tun wollte, damit das Wie von alleine folgen konnte.

Wie oft hatte ich bis dahin gedacht, ich müsse zunächst das Wie kennen, ehe ich überhaupt loslegen kann. Einen Plan haben, alle Schritte kennen – doch dem ist nicht so. Das habe ich auf meinem Weg und besonders nach jenen Zeilen von Julia Cameron immer wieder erfahren –, nach denen ich mehr zu wagen begann und vor allem wahrzunehmen, ob da etwas dran war an dem, was sie schrieb. Ich erkannte, dass ich meist zu einer grandiosen Idee oder dem Gefühl von *Das ist jetzt der nächste Schritt. Das steht jetzt an* nur mein inneres Ja geben muss, damit die Dinge sich zu fügen beginnen.

So etwa, als ich von Kiel an der Ostsee nach Meersburg am Bodensee zog. Ohne jemals zuvor hier gewesen zu sein, irgendwen zu kennen, Freundinnen, Freunde oder Arbeitsmöglichkeiten zu haben. Aber mit dem Gefühl und dem inneren Wissen, dass hier mein Weg weitergehen will. Dass ich hier bleiben, meine Selbstständigkeit ausbauen, Seminare und Lesungen geben und mich beheimaten werden würde.

Noch gut erinnere ich mich, wie ich ganz zu Beginn meiner Zeit hier am Bodensee einmal unterwegs war in Konstanz. Ein entspannter Ausflug mit meinen Eltern, die zu Besuch waren, keine Gedanken an mein berufliches Tun. Es war vor einem kleinen Ladencafé in der Altstadt, wo ich an jenem Samstag stehen blieb. Draußen lagen Flyer in einer Holzschale auf einem Birkenstamm. Der Birkenstamm (der eigentlich nur Dekoration war) gefiel mir so gut, dass ich kurzerhand reinging und vor einem Bücherregal zum Stehen kam. Ich fragte die Frau, die daneben am Tisch saß und die Ladeninhaberin zu sein schien: „Machen Sie hier eigentlich auch Lesungen?" Sie sagte: „Gerade gestern haben wir überlegt, dass wir gerne mal eine Lesung anbieten würden!" Ich antwortete: „Das trifft sich gut! Denn ich habe gerade ein Buch rausgebracht!"

Es sollte der Ort werden, an dem ich kurz darauf eine meiner ersten Lesungen zum Buch „Auf dem Herzensweg – Lebensgeschichten spiritueller Frauen" (vgl. Gundert, 2018) hielt. Wo ich über ein Jahr lang ein Schreibcafé leitete, Vortragsabende anbot und viele Menschen, die für meinen weiteren Weg wichtig waren, kennenlernte.

Über die Jahre habe ich gelernt, mein inneres Ja zu geben zu den Dingen, von denen ich spüre, dass sie jetzt dran sind oder getan werden wollen. Um offen zu lauschen und zu schauen, an welchen Orten sich Türen öffnen, wo ich Menschen begegne, wie Möglichkeiten sich zeigen, die mich von dem *Was ansteht* zu dem *Wie es gehen kann* bringen. Das hat mich in eine enorme neue Leichtigkeit und ins Vertrauen gebracht. War ich zuvor meist damit beschäftigt, alle Eventualitäten durchzuplanen und herauszufinden, wie genau das Wie klappen kann, entspanne ich mich heute immer mehr in das Was hinein. Im Vertrauen, im Wissen, dass sich das Wie zeigt, sobald das Was klar ist.

FOLGE DER ENERGIE

Wie oft gehe ich am Abend meine Liste durch. Davon, was ich am nächsten Morgen als Erstes tun werde: den neuen Blogbeitrag schreiben, dann das Interview vorbereiten, anschließend das Seminar für kommende Woche. Dabei weiß ich ganz genau (und inzwischen muss ich schmunzeln und lachen über mich, wenn ich das tue): All das Planen und Wiederholen in meinem Kopf bringt mich nicht weiter. Vielmehr raubt es mir Kraft und Energie, weil es sich zwischen mich und den Moment stellt – und damit zwischen das, was daraus entstehen will. Heute weiß ich: Ich werde am nächsten Morgen selbst wissen, was ansteht. Es wird ganz klar zu spüren sein. Ich muss mir vorher gar keinen Kopf machen – und es bringt eh nichts, weil erst am Morgen klar ist (neben fixen Terminen, die vielleicht anstehen), was dran ist.

Mit der Zeit habe ich Vertrauen darein gewonnen, meine Pläne immer wieder loszulassen. Folge ich der Energie dessen, was jetzt wirklich dran ist, geht alles ganz leicht. Ein Tun fließt ins nächste, ich erreiche die Menschen, mit denen ich sprechen möchte, schreibe die Texte, die vielleicht schon lange geschrieben werden wollen, ganz mühelos. Cambra Skadé, schamanische Künstlerin und eine der porträtierten Frauen im Buch „Auf dem Herzensweg – Lebensgeschichten spiritueller Frauen" (vgl. Gundert, 2018) hat dazu (ursprünglich in ihrem Buch „Die schamanische Kraft im Alltag", vgl. Skadé, 2012) einmal gesagt:

„Von den NomadInnen habe ich gelernt, dem zu folgen, was ist, und so mit Rückenwind unterwegs zu sein. Mit der Qualität des Tages gehen, morgens erkunden, wie die Wetterlage ist, ob es ein Telefontag ist, ein Organisationstag, ein Nixgeht-Tag oder ein Aufräumtag. Manchmal gibt es Kleine-blaue-Wundertage oder Schlaftage. Wenn

ich versuche, an einem Nix-geht-Tag wichtige Telefonate machen zu wollen oder was auf den Weg zu setzen, habe ich solchen Gegenwind, dass ich unendlich viel Energie hineingebe und letztendlich doch nichts herauskommt. Manchmal merke ich, dass es ein Telefontag ist – alle sind sofort erreichbar, guter Laune und fast nebenbei kann ich etwas klären, umsetzen, ausmachen. Das fühlt sich dann so an wie ein wundervoller Ritt auf einer riesigen, schönen Welle, die ich optimal genommen habe. Dann bin ich ganz mit meiner Magie verbunden. Dann lasse ich alle anderen Pläne sausen und mache alle Telefonate, die anstehen. So lange, bis ich merke, dass die Welle abebbt." (Gundert, 2018, S. 26, urspr. in Skadé, 2012, ohne Seiten)

Für mich hat dieses Der-Welle-Folgen viel auch mit Erlauben zu tun: Wie sehr halte ich an meinen Plänen fest? Wie viel davon muss heute wirklich getan werden? Was zeigt sich mir, wenn ich – unabhängig von meinen Plänen – in den heutigen Tag reinspüre? Was will entstehen? Natürlich: Auch ich habe Termine und Abgabefristen. Auch bei mir gibt es Dinge, die an diesem oder jenem Tag getan werden wollen. Oft kann ich variieren in der Zeit, in der ich sie am Tag tue. Meist mache ich das auch. Dann wiederum, wenn das nicht geht, tue ich einfach, was zu tun ist. Ohne eine Geschichte daraus zu machen. Zugleich bleibe ich offen für Lücken und für das, was an diesem und aus diesem Tag entstehen will.

Es ist ein Balancieren zwischen dem, was ansteht, einer klaren Ausrichtung, und einer Offenheit für die Wege des Lebens. Lauschen und Gehen. Spüren und Folgen. Je öfter ich dies mache, umso leichter gelingt es, umso entspannter bin ich mittendrin, im Fluss des Lebens und mit dem, was jetzt ansteht und sein will.

SO ZÄRTLICH UND LEICHT

Weiches Moos unter den Füßen.
Da weiß ich es wieder:
Leben darf auch leicht
und zärtlich sein.

RAUM
FÜR
DICH

Mit den folgenden Fragen lade ich dich ein, das Buch zu deinem ganz persönlichen Buch zu machen. Einzelne Kapitel, Themen nachklingen zu lassen und zu notieren, was sie in dir bewegen.

So schreibst du deine ganz eigene Geschichte des *Orchesters der Liebe* in deinem Leben. Denn ich bin sicher: Es spielt auch in diesem.

Herzlich,
Sabrina Gundert

Wenn du das Buch Revue passieren lässt:
Was ist besonders wichtig für dich darin? Was nimmst du mit?

Welche Gefühle, Erkenntnisse und Erinnerungen schenkt dir das Buch?

Was ist das Wertvollste, das du daraus für dich mitnimmst?

Jetzt du! Erzähle deine eigene Geschichte. Wo in deinem Leben hast du schon einmal erlebt, wie das Orchester der Liebe mitten darin gespielt hat? Welche Momente des Vertrauens hast du schon erfahren, die du hier notieren möchtest? Schreibe eine einzelne Geschichte oder verschiedene Momente in Stichworten oder kurzen Texten auf. Vervollständige das Buch mit deiner ganz eigenen Geschichte.

DANK

Mein Dank gilt den Menschen, die mich in den vergangenen Jahren begleitet haben. Allen Frauen, mit denen ich zusammen im Kreis sitzen, lauschen, weinen, lachen, teilen durfte und darf. Katharina für das Zusammensein im Kreis und das Halten des Raumes für alles darin. Susanne für deine Begleitung in Krisenzeiten und deine Liebe zu Büchern wie dein Vertrauen in und deine Ermutigung an mich. Angelika für den Raum, den du für mich zwischen Himmel und Erde geöffnet hast oder besser: an den du mich erinnert hast. Veronika für deine Begleitung in meine Größe. Karin Jana für deinen Kreis in Winterthur, der viel in mir bewegt hat. Allen Männern, denen ich – besonders, wenn sich Frauen- und Männerkreise verbunden haben – so wertvoll begegnen durfte.

Ingrid für deine Freundschaft und für das Kennenlernen und Feiern der Jahreskreisfeste. Norbert für das Ankommen im Hegau. Raphi für das Teilen der Vision einer neuen Erde und des Zusammenseins von Mann und Frau wie für den Versuch, diese zu leben. Peter dafür, dass ich durch dich wieder andocken konnte an meine Medialität. Danke auch an meine Freundinnen und Freunde hier im Hegau und am Bodensee, in der Schweiz und allerorts. Unser Austausch und Zusammensein ist ein großes Geschenk!

Danke an all die geistige Unterstützung. Die lichtvollen, geistigen Wesen, die mich und meine Arbeit führen, leiten und begleiten. Danke für alles Sichtbare und Unsichtbare zwischen Himmel und Erde. Danke für mein Eingebundensein und inneres Wissen, für meine innere Führung. Danke für meine Medialität.

Danke für all die Weggefährtinnen und -gefährten, deren Texte, Bilder und Lieder mich begleiten. Es ist schön zu wissen, dass wir gemeinsam hier sind.

Danke an alle Kundinnen und Kunden, an die Menschen, die ich begleiten durfte und darf. Ohne euch wäre meine Arbeit nicht das, was sie ist: mein Weg, in dieser Welt zu stehen und andere Menschen hiermit zu begleiten. Danke euch für all die wertschätzenden Worte persönlich, am Telefon, per E-Mail und in Briefen, mit denen ihr mich wissen lasst, welchen Unterschied mein Tun und Sein in eurem Leben macht. Danke!

Danke an meine Eltern und Großeltern, an alle, die vor mir gegangen sind. Besonders an meinen Opa Karl, der mir gezeigt hat, wie es aussehen kann, anderen Menschen vorurteilsfrei, mit einem weiten Herzen, Offenheit, Freude und Neugierde zu begegnen. Du bist mir ein Vorbild!

Danke an alle Menschen, die ich hier nicht mit Namen benannt habe, die aber dennoch meinen Weg begleiten und ausmachen. Danke für euer Dasein!

Danke mir selbst, dass ich immer wieder den Mut finde, aufzustehen und weiterzugehen, auch, wenn es schwierig wird und ist. Danke für mein Vertrauen und meine Liebe ins Leben, die zugleich meine größten Herausforderungen sind. Danke, dass ich bis hierher gegangen bin, neugierig auf das, was noch kommt. **Danke.**

LITERATURVERZEICHNIS

Cameron, Julia. Der Weg des Künstlers. Ein spiritueller Pfad zur Aktivierung unserer Kreativität. Neuausgabe Juli 2009. München: Knaur Verlag.

Eisenstein, Charles. Die schönere Welt, die unser Herz kennt, ist möglich. 1. Auflage. München: Scorpio Verlag.

Gundert, Sabrina. Auf dem Herzensweg. Lebensgeschichten spiritueller Frauen. 4. Auflage. Hamburg: Irdana Verlag.

Rilke, Rainer Maria. Briefen an einen jungen Dichter. 1. Auflage. Köln: Anaconda Verlag.

Skadé, Cambra. Die schamanische Kraft im Alltag. Von Schamaninnen, Hausfrauen und anderen merkwürdigen Wesen. 1. Auflage. Edition Skadé.

Tolle, Eckhart. Stille spricht. Wahres Sein berühren. 8. Auflage. München: Arkana Verlag.